佛教的持物

佛菩薩手持之物，象徵著其救度眾生的大悲誓願，以及度化的種種善巧方便，而每一種持物都有其深密的象徵與意涵，本書介紹近百種佛菩薩本尊的持物種類及其意義、形象，引領讀者深入佛菩薩無盡悲願心海。

目錄

出版緣起……011
序……015

第1篇 總論

第一章 持物的種類……018
第二章 持物的特性……023
第三章 各種持物常見諸尊一覽表……027

第2篇 佛菩薩的持物

第一章 法器類持物……038
金剛杵……038

獨股杵……040
三股杵……043
五股杵……047
羯磨杵……050
金剛鈴……053
念珠……056
鉢……061
藥壺……066
錫杖……068
拂子……072
如意……075
梵篋……077
袋……081
第二章　莊嚴器具類持物……084

幢……084
傘蓋……089
瓶……093
輪……098
法螺……102
塔……106
如意寶珠……110
寶鏡……114
扇……117
香爐……120
燈明……123

第三章　兵器類持物……126

劍……126
戟……132

棒……135
刀……139
鉤……142
弓箭……146
索……149
槍……152
杖……154
金剛鎖……157
第四章　動植物及自然類持物……159
蓮華……159
華……167
華鬘……171
楊枝……173
吉祥果……176

樹枝……179
藥樹……182
果實、稻穗……184
蘿蔔……186
獅……188
象……191
摩竭魚……193
孔雀尾……196
龍……199
蛇……202
兔……205
吐寶鼠……206
日……208
月……212

星……………216
火……………218
第五章　樂器類持物……………221
琴……………221
箜篌……………225
笛……………227
琵琶……………230
鼓……………232
鈸……………235
第六章　其他類持物……………236
化佛……………236
寶冠……………239
佛頂……………241
佛頭……………242

牙……243
舌……244
人、頭、殘肢……246
針線……248

第七章 藏密特別的持物……250

顱器（嘎巴拉）……250
天杖……253
普巴杵……256
鉞刀……258
手鼓……261
花箭……263

第3篇 特別部尊的持物

西方三聖……266
二十五菩薩……269
藥師三尊……272
藥師十二神將……275
五佛頂……281
六地藏……285
五大虛空藏菩薩……287
六觀音……289
千手觀音……306
觀音二十八部眾……323
五大明王……332
不動明王八大童子……339
法華經十羅剎女……343
四大天王……347

出版緣起

佛法的深妙智慧，是人類生命中最閃亮的明燈，不只在我們困頓、苦難時，能撫慰我們的傷痛；更在我們幽暗、徘徊不決時，導引我們走向幸福、光明與喜樂。

佛法不只帶給我們心靈中最深層的安定穩實，更增長我們無盡的智慧，來覺悟生命的實相，達到究竟圓滿的正覺解脫。而在緊張忙碌、壓力漸大的現代世界中，讓我們的心靈，更加地寬柔、敦厚而有力，讓我們具有著無比溫柔的悲憫。

在進入二十一世紀的前夕，我們需要讓身心具有更雄渾廣大的力量，來接受未來的衝擊，並體受更多彩的人生。而面對如此快速遷化而多元無常的世間，我們也必須擁有十倍速乃至百倍速的決斷力及智慧，才能洞察實相。

同時在人際關係與界面的虛擬化與電子化過程當中，我們也必須擁有更廣大的心靈空間，來使我們的生命不被物質化、虛擬化、電子化。因此，在大步邁向新世紀之時，如何讓自己的心靈具有強大的覺性、自在寬坦，並擁有更深廣的慈悲能力，將是人類重要的課題。

生命是如此珍貴而難得，由於我們的存在，所以能夠具足喜樂、幸福，因自覺解脫而能離苦得樂，更能如同佛陀一般，擁有無上的智慧與慈悲。這種菩提種子的苗芽，是生命走向圓滿的原力，在邁入二十一世紀時，我們必須更加的充實。

因此，如何增長大眾無上菩提的原力，是〈全佛〉出版佛書的根本思惟。所以，我們一直擘畫最切合大眾及時代因緣的出版品，期盼讓所有人得到真正的菩提利益，以完成〈全佛〉（一切眾生圓滿成佛）的究竟心願。

《佛教小百科》就是在這樣的心願中，所規劃提出的一套叢書，我們希望透過這一套書，能讓大眾正確的理解佛法、歡喜佛法、修行佛法、圓滿佛法，讓所有的人透過正確的觀察體悟，使生命更加的光明幸福，並圓滿無上的菩提。

因此，《佛教小百科》是想要完成介紹佛法全貌的拼圖，透過系統性的分門別類，把一般人最有興趣、最重要的佛法課題，完整的編纂出來。我們希望讓《佛教小百科》成為人手一冊的隨身參考書，正確而完整的描繪出佛法智慧的全相，並提煉出無上菩提的願景。

佛法的名相眾多，而意義又深微奧密。因此，佛法雖然擁有無盡的智慧寶藏，對人生深具啟發與妙用，但許多人往往困於佛教的名相與博大的系統，而難以受用其中的珍寶。

其實，所有對佛教有興趣的人，都時常碰到上述的這些問題，而我們在學佛的過程中，也不例外。因此，我們希望《佛教小百科》，不僅能幫助大眾了解佛法的名詞及要義，並且能夠隨讀隨用。

《佛教小百科》這一系列的書籍，期望能讓大眾輕鬆自在並有系統的掌握佛教的知識及要義。透過《佛教小百科》，我們如同掌握到進入佛法門徑鑰匙，得以一窺佛法廣大的深奧。

《佛教小百科》系列將導引大家，去了解佛菩薩的世界，探索佛菩薩的外相、內義，佛教曼荼羅的奧祕，佛菩薩的真言、手印、持物，佛教的法具、宇宙觀……等等，這一切與佛教相關的命題，都是我們依次編纂的主題。透過每一個主題，我們將宛如打開一個個窗口一般，可以探索佛教的真相及妙義。

而這些重要、有趣的主題，將依次清楚、正確的編纂而出，讓大家能輕鬆的了解其意義。

在佛菩薩的智慧導引下，全佛編輯部將全心全力的編纂這一套《佛教小百科》系列叢書，讓這套叢書能成爲大家身邊最有效的佛教實用參考手册，幫助大家深入佛法的深層智慧，歡喜活用生命的寶藏。

佛教的持物—序

佛菩薩的尊像千變萬化，不同的造像、姿勢、手印與持物，不只展現了各種莊嚴的風姿，似乎更在訴説著無數動人的故事。

佛菩薩不同的手印與持物，彷若是諸尊的另一種表情與標幟。而菩薩透過這種特別的影像、語言，將他們慈悲、智慧的心意，傳達給眾生。

諸尊的持物，除了表現出佛菩薩莊嚴的風貌外，在顯現上更有其特別的因緣與時空背景。因爲這些持物，是表現出佛菩薩等諸尊的本誓與特德。透過這些持物，我們不只能體解諸尊的根本誓願、悲心、智慧與特具的威德，更能依此因緣而祈請、修持，能迅疾成就各種願望，與世、出世間的各類修證境界。

在本書中，爲了使讀者能系統化的了解諸尊持物，所以特別加以分類，讓讀者清楚的掌握諸尊佛菩薩的風貌。本書將諸尊的持物分成以下的七大類：

一、法器類：此類爲常見的法器，如金剛鈴、杵、錫杖等。

二、莊嚴器具類：此類爲莊嚴道場、法會之器具，如幢幡、傘蓋、香爐等。

三、兵器類：此類多爲降伏惡性眾生所用，如劍、刀、戟等。

四、動植物及自然類：此類持物以動植物及自然之物象徵諸尊本願，如蓮花、象、獅、日、月等。

五、樂器類：此類持物以樂器使諸佛菩薩歡喜，並鈎召攝受眾生。如琴、琵琶、鼓等。

六、其他類：如化佛、佛身、人頭、殘肢等。

七、藏密特別的持物：此類持物於藏密諸尊中特別常見，如顱器、天杖、手鼓等。

除此之外，並介紹佛教特別部尊的持物，如西方三聖、六觀音、四大天王等。希望本書能夠讓讀者清楚了解諸尊持物的眾相，並透過這樣的理解，體悟諸尊的本願與特德，與諸佛菩薩相應，得到吉祥善美的利益與成就。

第1篇

總論

第一章 持物的種類

持物是指佛菩薩手持的物品，尤其在密教的諸尊像中，更以此來表示契印與尊像的標幟。

佛菩薩與諸本尊，隨著其化現的形像不同，也展現出不同的手勢，持不同的持物，就如同佛菩薩的另一種表情與語言，將他們的心意傳達給信仰的人。

透過佛菩薩手中的持物，我們能清楚地了知本尊特別的誓願，在祈請時更加相應，迅速成就世間的各種願望，與出世間的各種修證境界。然而，在祈請時，我們要了解諸佛菩薩等本尊的心意，最重要的是要具有大慈悲心，和了悟一切現空的智慧。

在本書中，將諸尊的持物分成七大類，有系統的加以介紹，並清楚的說明各種持物的意義。

在本書中，我們將諸尊的持物分成以下七大類：

一、法器類：法器類持物不但於佛菩薩本尊的造像中經常可見，而且也是修法、法會中經常使用可見的器具。此類持物有：金剛鈴、獨股杵、三股杵、五股杵、錫杖、念珠等。

二、莊嚴器具類：此類持物是指莊嚴法會，供養佛菩薩本尊的器具，此類持物包括：香爐、燈明、寶幢、傘蓋、寶瓶、法螺、塔、如意寶珠等。

三、兵器類：兵器類持物常見於忿怒尊，如明王、金剛等尊持物中，代表威猛降伏之意，調伏惡性眾生。此類持物包括：刀、劍、戟、棒、鉤、弓箭、羂索等。

四、動植物及自然類：動植物及自然類持物，也是本尊持物中經常可見的。此類持物有：蓮花、花、楊枝、吉祥果、樹枝、藥草、蛇、孔雀尾、摩羯魚等。

五、樂器類：樂器類持物爲各種樂器，如：歌天、樂天、鼓天、鳩槃荼、迦

佛教的持物(一)

佛教的持物(二)

樓羅、緊那羅、摩睺羅伽等尊皆持樂器。常見的樂器類持物包括：琴、箜篌、鼓、琵琶、笛等等。

六、其他類：除了以上的分類外，還有某些常見的持物無法歸入以上的類別，如：化佛、寶冠、頭、手、足等等，此則置於其他類。

七、藏密特別的持物：此類持物是指藏密的本尊，特別的持物，其中包含了：顱器、天杖、普巴杵、鉞刀、手鼓、花箭等。

第二章 持物的特性

如果依照息災、增益、懷愛、降伏等四種法，或加上鈎召之五種法的特性來看，我們也會發現各種持物不同的屬性。

根據《千光眼觀自在菩薩祕密法》、《大悲心陀羅尼經》所記載，將千手觀音之四十手所表徵的特德與五種法及如來五部之意涵如下：

1. 息災法（佛部）

化佛手表不離佛邊，羂索手爲安穩意，施無畏手能去除怖畏，白拂手能拂去惡障，傍牌手能辟除惡獸，鉞斧手能遠離官難，戟鞘手能除賊難，楊柳手表除病。

2. 調伏法（金剛部）

跋折羅手表降伏天魔，金剛杵手能摧伏怨敵，寶劍手能降伏魍魎鬼神，宮殿手表不處胎宮，金輪手表菩提心不退，寶鉢手能除腹中病，日摩尼手能得眼明，月摩尼手能除熱毒病。

3.增益法（寶部）

如意珠手表豐饒資具，寶弓手表得仕官，寶經手表得聰明多聞，白蓮手表得功德，青蓮手表得生淨土，寶鐸手表得妙音聲，紫蓮手表見諸佛，蒲桃手象徵稼穀成熟。

4.敬愛法（蓮華部）

合掌手能得人非人愛念，寶鏡手能得智慧，寶印手能得辯才，玉環手能得男女僕使，胡瓶手表善和眷屬，軍持手表得生梵天，紅蓮手表生諸天宮，錫杖手表得慈悲心。

5.鉤召法（羯磨部）

鐵鉤手表得善神擁護，頂上化佛手表得佛授記，數珠手表佛來授手，寶螺手表能呼召善神，寶箭手表早遇善友，寶篋手表得伏藏，髑髏手得以使令鬼神，五色雲手表成就仙法。

而在佛頂尊勝佛母的持物中，也具足此四法之特性：

其形像有三面八臂，面上各具三眼，中面白色，慈柔寂靜貌，右面金黃色笑容愉悅狀，左面爲似烏巴拉花之藍色，露牙現兇忿相，身如秋月皎白無瑕，面貌如妙齡少女。

右第一手持四色十字金剛羯磨杵於胸前，二手托蓮座，上有阿彌陀佛（亦或爲大日如來），三手持箭，四手施願印置於右腿前；左第一手忿怒拳印持羂索，二手上揚作施無畏印，三手執弓，四手定印托甘露寶瓶。佛母身有花蔓、天衣、寶冠、瓔珞等莊嚴，安坐於蓮花月輪上。

佛母中面白色表示平息災障，右面黃色表諸法增益及延壽，左面藍色表降伏之法。手托大日如來爲其上師，表懷愛。箭代表勾召眾生的悲心（鉤召法），施無畏印代表使眾生遠離一切怖畏（息災法），施願印表示滿足一切眾生的心願（增益法），弓者勝三界（增益法），定印托甘露瓶，表示使眾生得以長壽無病（息災法），十字金剛杵表降魔降災事業成就（降伏法），羂索代表降伏一切難調伏之眾生（降伏法）。

在孔雀明王的持物中，也有說其持物具足四種法：孔雀明王其形像一般具有四臂，右邊的第一手持著開敷的蓮華，代表著敬愛；右第二手持著俱緣果，代表著調伏；右邊的第一手當心持著吉祥果，代表增益，左第二手持著孔雀尾代表息災。而其孔雀座椅上的白蓮座是表示攝取慈悲的本誓，而青蓮座則代表降伏之意。

由孔雀尊形像中所顯露的意義，可知此尊具有敬愛、調伏、增益及息災四種妙德，能滿足一切的願望。

第三章 各種持物常見諸尊一覽表

本書羅列了近百種持物，爲了便利讀者查閱，茲列表如下：

一、法器類持物

持物	此類持物常見諸尊
獨股杵	發生金剛部菩薩、忿怒月黶菩薩、虛空無垢持金剛菩薩、金剛持菩薩、持金剛利菩薩、離戲論菩薩、大力金剛、孫婆菩薩、大轉輪佛頂、瞳母嚕、金剛針菩薩、帝釋天

三股杵	文殊菩薩、大安樂不空真實菩薩、金剛薩埵、金剛手持金剛菩薩、忿怒持金剛菩薩、金剛童子、勝三世明王、普賢菩薩、寶處菩薩、持地菩薩、賢護菩薩、觸金剛菩薩
五股杵	七俱胝佛母、文殊菩薩（中台八葉院）、大隨求菩薩、金剛薩埵
羯摩杵	金剛拳菩薩、堅固深心菩薩、大勝金剛、金剛業菩薩
金剛鈴	降三世明王、金剛鈴菩薩、金剛薩埵、穢積金剛、俱摩羅天
念珠	七俱胝佛母、大安樂不空真實菩薩、毗俱胝菩薩、如意輪觀音、不空羂索觀音、十一面觀音、婆藪大仙、火天、四臂觀音、馬頭明王
鉢	釋迦牟尼佛、無垢光菩薩、千手觀音、香象菩薩
藥壺	藥師如來
錫杖	千手觀音、地藏菩薩、不空羂索觀音
梵篋	文殊菩薩（中台八葉院）、大隨求菩薩、般若菩薩、妙音菩薩、折諸熱惱菩薩、智波羅蜜菩薩、法波羅蜜菩薩、無盡意菩薩

拂子	觀自在菩薩（釋迦院）、虛空藏菩薩（釋迦院）、梵天、不空羂索觀音
如意	文殊菩薩、觀音菩薩、虛空藏菩薩
袋	奪一切人命、持明成就仙眾、布袋和尚、大黑天

二、莊嚴器具類

持物	此類持物常見諸尊
幢	七俱胝佛母、大隨求菩薩、地慧童子、地藏菩薩、愛金剛、金剛幢菩薩、智幢菩薩
傘蓋	大白傘蓋佛母、金剛摧天
瓶	彌勒菩薩、七俱胝佛母、毗俱胝菩薩、不空羂索觀音、賢護菩薩、十一面觀音、大梵天、火天、大光音天
輪	七俱胝佛母、大隨求菩薩、如意輪觀音、大威德明王、最勝佛頂、金剛因菩薩、共發意轉輪菩薩、千手觀音、曼荼羅菩薩、一〇八臂金剛藏王菩薩、那羅延天
法螺	七俱胝佛母、無量音聲佛頂、生念處菩薩、迦樓羅

塔	毗沙門天王
如意寶珠	大勇猛菩薩、如意輪觀音、一切如來寶（佛眼佛母）、如來毫相菩薩、虛空藏菩薩、金剛寶菩薩、如來語菩薩、寶手菩薩、除蓋障菩薩、不思議慧菩薩、戒波羅蜜菩薩、四臂觀音、馬頭明王
寶鏡	忍波羅蜜菩薩、千手觀音、三昧王菩薩、長壽自在母
扇	摩利支天
香爐	燒香菩薩、金剛燒香菩薩
燈明	金剛燈菩薩

三、兵器類

持物	此類持物常見諸尊
劍	大勇猛菩薩、七俱胝佛母、大隨求菩薩、普賢菩薩、勝佛頂、大威德明王、降三世明王、不動明王、不可越守護、髻設尼童子、虛空藏菩薩、般若波羅蜜菩薩、增長天、難陀龍王、烏波難陀婆龍王、阿修羅、羅刹天、金剛利菩薩

戟	大隨求菩薩、忿怒月黶菩薩、金剛使者、大威德明王、勝三世明王、優婆髻設尼童子、召請童子、精進波羅蜜菩薩、大自在天、廣目天、鳩摩羅天
棒	持金剛鋒菩薩、金剛使者、金剛拳、大威德明王、阿耳多、阿波羅耳多、毗沙門天王、穢積金剛
刀	金剛使者、持國天、增長天、娑伽羅龍王、軍荼利明王妃
鉤	七俱胝佛母、金剛鉤女菩薩、金剛鉤女、摧碎佛頂、忿怒鉤觀自在菩薩、不空鉤觀自在菩薩、金剛虛空藏、寶光虛空藏、金剛面天、咕嚕咕咧佛母
弓箭	降三世明王、千手觀音、微惹耶、弓宮、他化自在天、欲金剛、愛染明王、金剛愛菩薩、金剛衣天、咕嚕咕咧佛母、雪山五長壽女、羅睺星
索	七俱胝佛母、被葉衣觀音、不空羂索觀音、降三世明王、不動明王、光網菩薩、金剛索菩薩、方便波羅蜜菩薩、忿怒鉤觀自在菩薩、無垢逝菩薩、蘇婆呼菩薩、水天、大勝金剛
槍	如來爍乞底菩薩、鳩摩利

杖	被葉衣觀音、質怛羅童子、不思議慧童子、婆藪大仙、火天、焰摩天、黑暗天女、太山府君、土曜、月天、風天妃、風天
鎖	金剛鎖菩薩

四、動植物及自然類

持物	此類持物常見諸尊
蓮花	七俱胝佛母、觀自在菩薩、如意輪觀音、大吉祥大明菩薩、大吉祥明菩薩、豐財菩薩、白處尊菩薩、多羅菩薩、勝佛頂、如來笑菩薩、光網菩薩、妙音菩薩、日天、馬頭明王、光音天、持鬘天
花	蓮華部使者、如來喜菩薩、功德天、那羅延天妃、白度母、金剛花菩薩
鬘	金剛鬘菩薩、金剛食天
楊枝	楊柳觀音
吉祥果	七俱胝佛母、葉衣觀音、孔雀明王、訶利帝母

樹枝	耶輸陀羅菩薩、除一切憂冥菩薩、摩利支天
藥樹	藥王菩薩
果實、稻穗	檀波羅蜜菩薩、千手觀音、施仁天母、黃色財續母
蘿蔔	毗那耶迦
獅	力波羅蜜菩薩
象	大黑天（象皮）、勝樂金剛、香象菩薩、馬頭明王（象皮）
摩羯魚	阿摩提觀音、愛金剛菩薩
孔雀尾	孔雀明王、蘘麌梨童女
龍	金翅鳥、娑伽羅龍王
蛇	蘘麌梨童女、大元帥明王、金剛童子
兔	月天
吐寶鼠	毗沙門天、黃財神、綠財神、紅財神、白財神、黑財神、貞惠天女
日	日光菩薩、手手觀音、日天

月	月光菩薩、寶印手菩薩、千手觀音、月曜、月天
星	二十八宿
火	火天

五、樂器類

持物	此類持物常見諸尊
琴	緊那羅
箜篌	山海慧菩薩、阿摩提觀音、金剛歌菩薩、不動明王妃
笛	迦樓羅、歌天、摩睺羅迦、寶藏菩薩
琵琶	辯才天、光明王菩薩、妙音天女、持國天
鼓	鳩槃荼、鼓天、緊那羅、歌天、白瑪哈嘎啦
鈸	樂天

六、其他類

持物	此類持物常見諸尊
化佛	佛頂尊勝佛母、千手觀音、忿怒鉤觀自在菩薩
寶冠	寶冠菩薩
針線	摩利支天
佛頂	光聚佛頂
佛頭	不空見菩薩
牙	如來牙觀音
舌	如來舌菩薩、金剛語菩薩
人	大黑天、吉祥天母、一髻母
頭	不空見菩薩、愛染明王、普巴金剛、時輪金剛、吉祥天母
殘肢	毗舍遮、荼吉尼、大威德金剛、勝樂金剛

七、藏密特別的持物

持物	此類持物常見諸尊
顱器	卡雀佛母、金剛亥母、獅面空行母、時輪金剛、黑袍怙主、一髻母
天杖	卡雀佛母、金剛亥母、馬頭明王、閻魔
普巴杵	普巴金剛
鉞刀	卡雀佛母、金剛亥母、時輪金剛、寶帳怙主
手鼓	大黑天、白瑪哈嘎拉
花箭	咕嚕咕咧佛母

第2篇

佛菩薩的持物

第一章 法器類持物

金剛杵

金剛杵（梵語 vajra），音譯縛日囉、伐折囉、跋折羅、跋馹囉、伐闍羅。原為古代印度之武器。由於質地堅固，能擊破各種物質，象徵堅固、摧破二德，代表佛智堅固不壞，與摧破眾生煩惱，所以稱為金剛杵。

⊙經典中的意涵

密教中，金剛杵象徵摧滅煩惱之菩提心，爲諸尊之持物或修法之道具。於曼荼羅海會之金剛部諸尊皆持金剛杵。金剛杵象徵如來金剛之智慧大用，能破除愚癡妄想之內魔與外道諸魔障。

《蘇婆呼童子經》中說，金剛杵大小有長八指、十指、十二指、十六指、二十指不等。形狀有獨股、二股、三股、四股、五股、九股、人形杵、羯磨金剛、塔杵、寶杵等，而以獨股、三股、五股最爲常見，分別象徵獨一法界、三密三身、五智五佛等。其中獨股杵、三股杵、五股杵、寶杵、塔杵合稱「五種杵」。

金剛杵中，以七股、三股、五股最爲常見。經軌所謂之「跋折羅」多指三股杵。

除此之外，《微妙曼荼羅經》另舉金剛智慧菩薩金剛杵、寶部金剛杵、蓮華部金剛杵、羯磨金剛杵、如來最上金剛杵、忿怒金剛杵、微妙心金剛杵等。

持金剛杵的諸尊介紹，詳見後列之獨股杵、三股杵、五股杵及羯磨杵。

獨股杵

◎經典中的意涵

在《白寶口抄》〈帝釋法〉中說獨股杵除了表示於三界自在之義外，也象徵須彌山：「即能摧破眾生三毒之煩惱義也，又於三界表自在義也。以獨古杵用三形者，胎藏軌並大疏等意也，此獨古須彌也，故持須彌山，是依正一體義也。」

◎持獨股杵的本尊

帝釋天（梵名 Sakra, Devanam-indra），又稱作天主、因陀羅、憍尸迦、婆娑婆、千眼等。本來是印度教之神，稱爲因陀羅，成爲佛教護法神後稱之爲帝

金剛持菩薩

帝釋天

釋天。鎮護東方，居於須彌山頂的忉利天的善見城。

其尊形爲身呈金色，頭戴寶冠，著羯磨衣，右手置於胸前持獨鈷杵，左手作拳安腰際。

獨股杵是金剛杵中最古老之形式，其鋒頗長，爲密跡金剛二力士所持。此外，千手觀音四十手中之金剛杵，及金剛藏王菩薩一百零八臂中之一手亦持獨股杵，帝釋天亦是於五種金剛杵中，以獨股杵與蓮華部相應，置於大壇之西方，其獨鋒象徵獨一法界。

◉此類持物常見的諸尊

發生金剛部菩薩、忿怒月黶菩薩、虛空無垢持金剛菩薩、金剛持菩薩、金剛利菩薩、離戲論菩薩、大力金剛、孫婆菩薩、大轉輪佛頂、瞳母嚕、金剛針菩薩、帝釋天。

三股杵

三股杵亦稱三鈷杵（梵名 triśaṅkuḥ）、三股金剛、三股跋折羅、三股縛日囉、底里賞俱、三鈷等。

三股原為印度之武器，杵頭分三枝，表示胎藏界佛、金剛、蓮華三部，及身、語、意三密，或總表三智三觀等三軌之法門。

《蘇悉地經》謂，行者手執三股杵，則不為毗那夜迦所障難，又護摩及念誦時，左手持之，能成就諸事。

三股杵與羯磨部相應，置於大壇之北方。通常稱「縛日囉」者，一般係指三股杵。

◉經典中的意涵

《金剛童子法》中說：「此三股亦本尊即體是中股頭，左右手也，上下二合，本尊行者不二一體和合義也。是蘇悉地至極也，生佛一如平等故，以三股爲三形也。」則將三股杵視爲本尊之體，中股爲頭，左右股表手，上下二合，代表本尊與行者不二，眾生與如來平等之義。

而在〈軍荼利法〉中亦說：三股表三身佛體，今除滅三毒煩惱，顯三部佛體義也。又說，或甘露瓶口安三股杵，以之爲祕事，又三股上安寶珠也。字佛部。左字金剛部。右字蓮花部。此三字變成甘露瓶，口有三股，軍持瓶盛甘露智水，洗三毒煩惱，顯三部如來，故以三股瓶爲三形也。

這是說，除三股杵外，軍荼利明王亦以「三股瓶」爲三昧耶形，瓶口有三股，盛甘露智水，洗滌貪、瞋、痴三毒煩惱，彰顯佛部、蓮花部、金剛部三部如來。

◉持三股杵的本尊

普賢菩薩（梵名 Samantabhadra），譯為三曼多跋陀羅，又寫作三滿多跋捺羅。義譯作遍吉，意為具足無量行願，普示現於一切佛剎的菩薩，故常被尊稱其為大行普賢菩薩，以彰顯其特德。

在密教是以普賢表示菩提心，認為他與金剛手、金剛薩埵、一切義成就菩薩同體。

普賢代表一切諸佛的理德與定德，與文殊的智德、證德相對，兩者並為釋迦牟尼佛的兩大脇侍。文殊駕獅、普賢乘象，表示理智相即、行證相應。

普賢菩薩是大乘菩薩的代表，象徵著究極的大乘精神。在《華嚴經》中明示一切佛法歸於毗盧遮那如來及文殊、普賢二大士，三者並稱「華嚴三聖」，其中普賢菩薩代表一切菩薩行德本體。

在胎藏界曼荼羅文殊院中，其尊形為左手執青蓮花，上面安置三股杵。

◉此類持物常見諸尊

文殊菩薩、大安樂不空真實菩薩、金剛手持金剛菩薩、忿怒持金剛菩薩、金剛童子、勝三世明王、普賢菩薩、寶處菩薩、持地菩薩、賢護菩薩、觸金剛菩薩。

忿怒持金剛菩薩

勝三世明王

五股杵

五股杵又稱五智金剛杵、五峰金剛杵、五鋒光明、五股金剛，其五鋒係表五智五佛，其中之一鋒象徵佛之實智，其餘四鋒則爲四佛權宜方便智慧之標幟。

⊙經典中的意涵

在《白寶口抄》〈愛染明王法〉中說：「五股杵者，五佛內證佛智，眾生本有德也。爲顯凡聖一如心智，有上下五股。」

《理趣經》中則說：「金剛加持者，表如來十真如、十法界、十如來地，以成上下十峰金剛大空智處。」

《五重結護》中說：「五股杵顯五智也，中直者此正義，無方便。邊曲者，此權義，而帶方便故也。權必歸實，故曲也，上下同者，佛界眾生界同具五智故，上下同也。若具者，於此杵具三十七尊。」

五股除了象徵如來五智之外，上下二五股合而爲十峰，亦表十波羅蜜，能摧破十種煩惱，成證十種真如，證入十地，如同佛陀成就不壞之身、語、意三密。

阿閦佛之三昧耶形爲橫五股杵上又直豎一五股杵。

《白寶口抄》〈阿閦法〉中說此：即本尊形體也，橫五股本尊結跏坐，表左右足五指，豎五股本尊身五輪體也，五智、五佛即五大故，以五股表五大。

經軌中並提及觀想阿閦佛的方法：「行者於心中圓滿淨月輪，專住令分明，上想金剛杵金色五智形，光明遍流出，照觸無邊界，驚覺魔羅宮，廣大作佛事，以此三摩地而成阿閦佛，具想觸地印。」

⊙持五股杵的本尊

金剛薩埵（梵名 Vajrasattva）爲東方阿閦如來四親近菩薩之一，從一切如來菩提堅牢之體性所出生，爲金剛界十六菩薩之一。

金剛薩埵菩薩能加持行者於刹那生猛利心，頓證無上菩提。

其尊形爲肉色，右手持五鈷杵斜於胸前，左手持五鈷鈴。

⊙此類持物常見諸尊

七俱胝佛母、文殊菩薩（中台八葉院）、大隨求菩薩、金剛薩埵。

文殊菩薩

金剛薩埵

羯磨杵

羯磨杵（梵名karma-vajra）是由三股杵交叉組合成十字形，象徵諸佛本具之作業智，屬於輪寶。又稱羯磨金剛、十字羯磨、十字金剛、輪羯磨，或單稱羯磨。

⊙經典中的意涵

羯磨爲事業成辦之義，三股表身、口、意三業成辦之義，二者交叉表眾生、諸佛平等無二之境界。

修法時，大壇之四隅各置一羯磨金剛，以象徵摧破十二因緣之義。此外，亦有以蓮花形羯磨臺置於大壇四隅者，《一字佛頂輪王經》中說：「其四角隅，各畫二金剛杵，十字交叉，如是印等蓮華臺上如法畫之。」

⊙持羯磨杵的本尊

以羯磨杵爲持物的本尊，例舉如下：

堅固深心菩薩（梵名 Dṛḍhādhyāsaya），音譯涅哩荼地也捨也、地利咀地也舍夜。又作堅固惠菩薩、堅固菩薩、堅固意菩薩、堅意菩薩。位於胎藏界曼荼羅地藏院。「堅固」，名地大；「意」，指地大之心德，合此三字而詮顯地藏菩薩之內證。其尊形爲身呈肉色，右手持開敷蓮花，花上有火焰乘載羯磨杵，左手握拳向腰側。

羯磨波羅蜜菩薩（梵名 Karmapāramitā），爲金剛界四波羅蜜菩薩之一，從智法身大日如來的大精進智所出生。

羯磨波羅蜜菩薩能加持行者於無量雜染世界、清淨世界中安立，證得成所作智。其尊形爲身呈綠色，現天女形，著羯磨衣，左手持蓮華上有寶珠，右手持羯磨杵。

⊙此類持物常見諸尊

金剛拳菩薩、堅固深心菩薩、羯摩波羅蜜菩薩、大勝金剛、金剛業菩薩。

堅固深心菩薩

羯摩波羅蜜菩薩

金剛鈴

金剛鈴是常見的本尊持物之一，也是密教法具之一。

金剛鈴的柄呈金剛杵形，以柄之樣式來分，則有獨股鈴、三股鈴、五股鈴、寶鈴、塔鈴等五種之別，稱爲五種鈴。

金剛鈴是爲驚覺眾生精進，與勸請佛菩

薩本尊，使其歡喜而振鈴之。

◎經典中的意涵

鈴表示說法之義，如果配以五智，此五種鈴即象徵五智五佛說法。除了五種鈴之外，天息災所譯之《微妙曼荼羅經》卷五，亦舉出九股鈴（忿怒變化明王鈴）及七股鈴（金剛忿怒明王鈴）。

在五種鈴中，五鈷鈴是最爲重要與常見的。

五鈷鈴是指具五鈷杵形之柄的金剛鈴。

五鈷鈴的種類依鈴身裝飾不同，可分爲素紋、種子字、三昧耶形、佛像等四類，分別稱爲：1.五鈷素紋鈴。2.五鈷種子鈴。3.五鈷三昧耶鈴。4.五鈷本尊像鈴。

◎持鈴的本尊

金剛鈴菩薩身呈綠色，兩手執五鈷鈴。

金剛鈴菩薩（梵名 Vajrāveśa），爲金剛界四攝菩薩之一，以同事守護一切眾生之精進，不使懈怠。

由於金剛鈴菩薩加持的緣故，眾生能證得如來般若波羅蜜音聲，聽聞者能摧毀阿賴耶識中一切惡的種子。

俱摩羅天（梵名 Kumāra），意譯爲童子。又作鳩摩羅天、鳩摩羅迦天、拘摩羅天。為護世二十天之一，即初禪梵王，其顏如童子，故有此名。

俱摩羅天，其尊形為童子形，身青綠色，左手作拳當腰，右手於胸前執鈴，以荷葉為座。

⊙此類持物常見諸尊

降三世明王、金剛鈴菩薩、金剛薩埵、穢積金剛、俱摩羅天。

金剛鈴菩薩

穢積金剛

念珠

念珠是指以線貫串一定數量的珠子，用以計算稱名持咒數目的法具。又稱數珠、咒珠或誦珠。

在《牟梨曼陀羅尼經》中說：「梵語鉢塞莫，梁云數珠。是引接普遍根機，牽課修業之具也。」

◉經典中的意涵

在《木槵子經》中說念珠有種種功德：「若欲滅煩惱障、報障者，當貫木槵子一百八，以常自隨；若行、若坐、若臥，恆當至心無分散意，稱佛陀、達磨、僧伽名，乃過一木槵子（木槵子所製之念珠）。如是，漸次度木槵子，若十、若二十，若百，若千，乃至百千萬，若能滿二十萬遍，身心不亂，無諸諂曲者，捨命得生第三焰天，衣食自然，常安樂行。若復能滿一百萬遍者，當得斷除百八結業。始名背生死流，趣向泥洹，永斷煩惱根，獲無上果。」可見念珠能幫助行者憶念佛、法、僧，攝心使不散亂，能斷除一切煩惱，趣向涅槃。

在密教的行法之中，依三部、五部之差別，所用數珠亦有不同。《蘇悉地羯囉經》說佛部用菩提子、觀音部用蓮花子、金剛部用嚕梛羅叉子之數珠；《守護經》及《瑜伽念珠經》說佛部用菩提子、金剛部用金剛子，寶部用金等諸寶，蓮華部用蓮華子，羯磨部用種種和合之數珠。

念珠有各種不同顆數，各有不同象徵意義，一〇八顆表示證入百八三昧，斷除百八煩惱。一〇八〇顆表示百八三昧各具百八三昧，或金剛界一〇八尊中各具一〇八尊；五十四顆表示十信、十住、十行、十迴向、十地及四善根因地等五十四位；四十二顆表示十住、十行、十迴向、十地、等覺、妙覺等四十二位；二十七顆表示十八學人與九無學；二十一顆表示十地、十波羅蜜及佛果；十四顆表示觀音之十四無畏。

⊙持念珠的本尊

毗俱胝菩薩（梵名Bhṛkutiḥ），梵名音譯爲毗哩俱胝，有蹙眉之意。其密號爲降伏金剛、定慧金剛、除障金剛，相傳是由觀世音菩薩憤怒時的皺紋所出生。

在《大日經疏》卷十中記載：當時在佛陀說法大會中，諸金剛現出大可畏降伏之狀，無有能調伏者。當時觀音額頭皺紋中化現出此菩薩，故稱爲毗俱胝菩薩。

此菩薩現身作大忿怒之狀，時諸金剛皆生起怖畏心，逃入金剛藏身中。而毗俱胝菩薩逼進至執金剛藏前，時金剛藏亦生大怖畏，逃入如來座下求救：「願佛陀護佑我！」

於是佛陀就對毗俱胝菩薩說：「您暫且止住。」毗俱胝立即止住而白佛言：「唯佛所教敕，我當奉行！」此時諸金剛看毗俱胝菩薩不再逼近，才止息怖畏之心，皆大歡喜地說：「此爲大悲者，而能現此大力威猛，真是甚爲希有！」由此可看出毗俱胝菩薩現起的因緣，及不可思議的大威勢力。

於胎藏界曼荼羅中，此菩薩居蓮華部院（觀音院）內，三昧耶形爲數珠鬘，印相爲毗俱胝印。

此尊身形爲身呈肉色，現四臂相，左一手持蓮華（或有說蓮花上有梵筴），次手持瓶，右一手結施無畏印，次手持念珠，著羯磨衣，端坐青蓮花（或有說赤蓮華），額上有眼。

而火天的眷屬婆藪大仙（梵名 Vasu），於胎藏界外金剛部院東方中，尊形爲身呈赤肉色，裸露上身，右手持蓮華，左手持數珠。

而藏密的四臂觀音亦以念珠爲持物。

四臂觀音（西藏名 སྤྱན་རས་གཟིགས，音譯爲見熱西），是藏密大悲觀音的主尊，爲密乘密行者必修的法門。與文殊菩薩、金剛手菩薩合稱「三族姓尊」，分別代表大悲、大智、大力。居雪域怙主地位，是藏地密教的首位依怙尊。

在藏傳佛教中，以此尊爲「嗡嘛呢貝味吽」六字大明咒的主尊。

四臂觀音像，一面四臂，身白如月，頭戴五佛冠，黑髮結髻。中央二手合掌於胸前，捧有摩尼寶珠；右下手持水晶念珠，左下手拈八瓣蓮花，與耳際齊。面貌寂靜含笑，凝視眾生。其左胸上被覆鹿皮披肩，身著五色天衣，下裳著紅色綢裙，腰繫寶彩帶，全身花蔓莊嚴，並飾以耳環、手釧、臂、腳鐲圈等物，珠寶瓔珞第一串繞頸、第二串及胸、第三串及臍。雙足跏趺坐於蓮花月輪上。

毗俱胝菩薩

四臂觀音

鉢

鉢（梵名Pātra）為比丘的隨身六物（三衣、鉢、坐具、漉水囊）之一。又稱為鉢多羅、波多羅、鉢和蘭等。意譯作應器、應量器，即指比丘乞食所用的食具。

其種類有鐵鉢、瓦鉢之別。持鉢行乞稱為「托鉢」。由於比丘持鉢以應受他人的飲食，故鉢亦稱應器。

⊙經典中的意涵

鉢為盛裝飲食的器具，表能療一切眾生飢苦之病，受無上法味。千手觀音其中一手持物即為寶鉢，經云：「若為腹中諸病苦，當於寶鉢手。」

在《太子瑞應本起經》卷下記載，佛成道後七日（一說是七十七日）未食，恰巧有提謂、波利二商主獻上麨蜜，當時佛陀知見過去諸佛皆以鉢受施。四天王知佛陀所念，各至須頞山上，從石中得自然之鉢，俱來上佛。佛陀乃受四鉢置於左手之中，右手按其上，以神力合爲一鉢。

在《出三藏記集》卷十五〈智猛傳〉中記載此佛鉢：「又於此國見佛鉢，光色紫紺，四邊燦然。」而《高僧法顯傳》〈弗樓沙國〉條則描寫此鉢：「雜色而黑多，四際分明，厚可二分，甚光澤。」

而佛鉢之容量，據《法苑珠林》卷三十載僧伽耶舍之鉢：「釋迦如來在世之時，所用青石之鉢，其形可容三斗有餘。」另據《高僧法顯傳》所載，可容二斗許。

當初佛陀度化拜火三迦葉時，即將吐火之毒龍放入鉢內收伏。佛入滅後，其鉢曾被慎重安置，受信徒供養禮拜。法顯《佛國記》〈弗樓沙國〉中記載月氏王欲強取此鉢供養之事：「佛鉢即在此國，昔月氏王大興兵眾，來伐此國欲取佛鉢，既伏此國已，月氏王篤信佛法，欲持鉢去，故大興供養，供養三寶畢，乃校飾

釋迦牟尼佛

無垢光菩薩

大象置鉢其上，象便伏地不能得前。（中略）王知與鉢緣未至，深自愧歎，即於此處起塔及僧伽藍，並留鎮守種種供養。」

⦿持鉢的本尊

釋迦牟尼佛（梵名 Sākya-muni-buddha），又作釋迦文尼、奢迦夜牟尼、釋迦牟、釋迦文。略稱釋迦、牟尼、文尼。意譯作能仁、能忍、能寂、寂默、能滿、度泼焦，或稱爲釋迦寂靜。又稱釋迦牟尼世尊、釋尊。而《白寶口抄》中釋其名說：「一切眾生惡業當熾盛，日夜常恆無窮無盡，喻海水流入泼焦山無盡，故以眾生喻泼焦山，釋迦出世成道濟度眾生，故名「度泼焦」也。

釋迦牟尼佛爲此娑婆世界佛教教主，約在公元前五百餘年，出生於北印度的迦毗羅衛城。

釋尊一生的弘法生涯，大約有四十餘年，最後在世壽八十歲時，於拘尸那羅入於涅槃。

關於釋迦牟尼佛的尊形，於胎藏曼荼羅釋迦院中，爲身呈黃金色，著赤色袈裟，雙手當心結說法印，趺坐於蓮華之上。其密號爲寂靜金剛，三昧耶形爲鉢形，印相爲智吉祥印或鉢印。

其尊形中亦常見有持鉢之形像。

而堅牢地神，也以鉢爲持物。

堅牢地神（梵名 Pṛthivi），音譯作比里底毗，鉢羅體吠、畢哩體微。又作堅牢、堅固地天、地神天、堅牢地祇、持地神、地天。爲色界十二天之一，乃主掌大地之神。《方廣大莊嚴經》卷九〈降魔品〉亦記載，佛陀初成道，此地神爲作證明，從地湧出，曲躬恭敬，捧盛滿香花之七寶瓶供養。

其位於胎藏界曼荼羅外金剛部院東方之尊形爲身呈赤肉色，戴寶冠，左手捧鉢，鉢中有鮮花，右掌向外置胸前，坐於圓座。

◉此類持物常見諸尊

釋迦牟尼佛、藥師佛、無垢光菩薩、千手觀音、香象菩薩、堅牢地神。

藥壺

藥壺象徵去除眾生一切身病、心病。以藥壺爲持物的本尊，最廣爲人知者，即是藥師如來。

藥師如來（梵名 Bhaisajya-guru Vaidurya-prabharajah），全名爲藥師琉璃光王如來，通稱爲藥師琉璃光如來，簡稱藥師佛。

藥師琉璃光如來的名號來源，是以能拔除生死之病而名爲藥師，能照度三有之黑闇故名琉璃光。現在爲東方琉璃世界的教主，帶領日光遍照與月光遍照二大菩薩及十二神將等眷屬，化導眾生。

藥師如來以世、出世間二種妙藥，滅除眾生身心諸病，故名藥師。古來常爲消災延壽而修藥師法。

藥師佛的形像，在《白寶口抄》中舉：〈十種行法記〉云，藥師瑠璃光如來，身相金色，結跏趺坐，左手令持藥壺，右手令作施無畏印。項背有圓光，無量相好具足圓滿。另或有作右掌向外，左掌仰前，左足押右，半跏坐。

《十卷抄》則說：世流布像有二種，一者揚右手垂左手，是東寺金堂并南京藥師寺像也，二者左手持藥壺，以右手作施無畏印。

又云：或左手持鉢，其鉢十二角，右手作施無畏。又說，另有岩本作持鉢及錫杖像。

錫杖

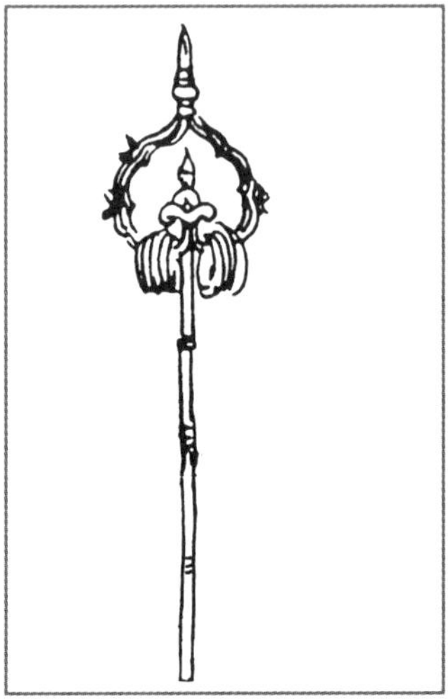

錫杖（梵 khakkara），爲比丘行路時所應攜帶的道具，可用來驅趕毒蛇、害蟲，亦可用於乞食時，使人遠聞即知。梵名音譯作喫棄羅、喫吉羅、隙棄羅；又稱有聲杖、聲杖、禪杖、鳴杖、智杖、德杖、金錫、杖。

在《大唐西域記》卷二〈洛陽伽藍記〉卷五記載，北印度那揭羅曷國存有佛陀所持的錫杖，其長丈餘，以白鐵作鐶，旃檀爲笴，盛於寶筒中。日本現今則有二股六鐶、四股十二鐶等類，且大鐶中心飾有寶珠、五輪塔、佛像等。

⦿經典中的意涵

在《佛說得道梯阿錫杖經》中提及錫杖的意義：「佛告比丘：『汝等應受持錫杖。所以者何？過去、未來、現在諸佛皆執故。又名智杖，彰顯落聖智故。亦名德杖，行功德本故。聖人之表幟，賢士之明記，道法之正幢。』

迦葉白佛：『何名錫杖？』

佛言：『錫者輕也，倚依是杖，除煩惱，出三界故。錫，明也，得智明故。錫，醒也，醒悟苦空、三界結使故。錫，疏也，謂持者與五欲疏斷故。』」

而依錫杖的不同形狀，也象徵不同的意義。同經中說：錫杖有三鈷，代表憶念三塗苦惱，則修戒、定、慧；念老、病、死三災，則除貪、瞋、癡三毒等等。而四股者，則是斷除四生（胎生、卵生、濕生、化生）之輪迴，或表苦、集、滅、道四諦。

十二環者，表十二因緣，通達無礙，三重四股，以念如來七覺意法，通鈷鑽八，用念八正道，二股是迦葉如來所制立也，令諸眾生記念二諦：世諦、第一義

地藏菩薩

八臂不空羂索觀音

諦，以立其義。」

⊙持錫杖的本尊

在密教，《大日經疏》卷六所載阿闍梨所傳曼荼羅圖位中，在釋迦院列有如來錫杖菩薩，此係錫杖之擬人化，又，千手觀音四十手中，有一手持錫杖，稱爲錫杖手。另外，八臂不空羂索菩薩、地藏菩薩等亦持此杖。

地藏菩薩（梵名 Kṣitigarbha），是悲願特重的菩薩，常被稱爲大願地藏王菩薩。能免短命、夭死之難，具有延壽之特德。

⊙此類持物常見諸尊

千手觀音、地藏菩薩、不空羂索觀音、如來錫杖菩薩。

拂子

拂子（梵名 vyajana）用以拂除蚊蟲的用具。即在柄上紮束獸毛、棉、麻等而成者，功用與麈尾相同，而形狀各異。又單稱拂，或稱作拂塵。在印度，一般皆用此物拂蚊。

在古印度，白犛牛尾所製之拂子是最貴重的，與白馬尾拂同稱爲白拂。當時佛陀昇忉利天爲母說法歸來時，梵天即執白拂侍於佛側。

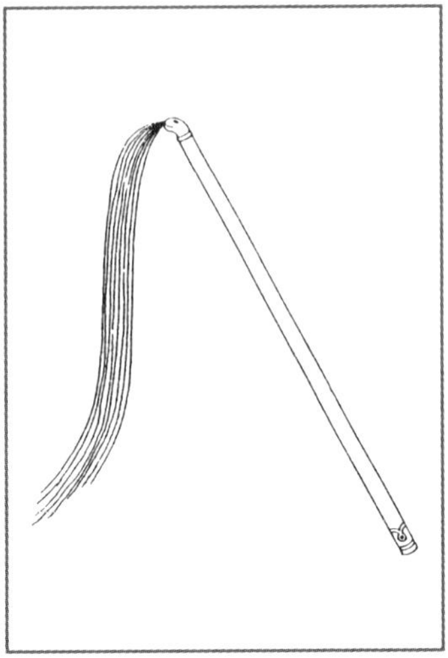

而一般比丘所用的拂子只能用羊毛、麻、細裂氈布、已破舊之物、樹枝樹梢等製成，而不許用珍貴的犛牛尾及其他寶物。

◉經典中的意涵

拂子代表拂去煩惱、除去惡障的表徵，因此，密教於灌頂時，亦以拂子爲法具輕拂受灌頂者之身。

自唐代以降，禪門盛持拂子，或以之爲莊嚴具；住持或代理住持者上堂時，持之爲大眾說法，此稱爲「秉拂」。

◉持拂子的本尊

在現圖胎藏界曼荼羅中，釋迦院的虛空藏菩薩，爲釋迦院之釋迦右方脇侍，其尊形有呈肉色，右手豎掌，屈食、中指，執白拂；左手覆拳安於臍前，持蓮華，蓮華上有綠珠；披天衣，站立於一平敷之蓮華座上。

而釋迦院的觀自在菩薩，其尊形爲身呈肉色，右手持白拂，左手插腰，立於蓮華之上。

◉此類持物常見諸尊

觀自在菩薩（釋迦院）、虛空藏菩薩（釋迦院）、梵天、不空羂索觀音。

虛空藏菩薩

觀自在菩薩

如意

如意是說法、講讚、法會時，講師手持以示威儀的用具。原來為出家人的日常用品。

根據《釋氏要覽》卷中，於「如意」項目的記載：「梵語稱作阿那律，秦模如意。指歸云係古之山杖，以骨、角、竹、木，刻成人之手指甲作成，柄長三尺許。脊癢或手無法致之處，用以搔抓，因能如人意，故曰如意。皆云：如意制心之表也，故菩薩皆執之。狀如雲樣，又如此方篆書之心字，故名。又云：今之講僧執之者尚多，私記節文祝辭於柄上，以備忽忘，要時手執目對，可如人意，故名。」

由此可知如意有三種用途：一是能隨心所欲地搔抓手抓不到的部分，故稱如意；二是因其山部如篆字的「心」字，表制心，故菩薩皆執之。三是將祝辭寫在上面，遺忘時可隨時察看，使用起來隨心所欲，故得此名。

在華嚴三聖的造像中，佛陀右側之普賢菩薩即是手持如意騎象之造型。

普賢菩薩

梵篋

梵篋，又稱梵夾、梵經、梵典，是指以梵語書記於貝葉、樺皮、紙等之經典，又代表一切經典。

⊙經典中的意涵

在《白寶口抄》〈文殊法〉中說：「書篋者，梵篋也，或云般若梵篋，是篋內入般若經，故般若智義，篋理義，是表理智不二三形也。（中略）《般若心經》具說文殊之智德，其文云：三世諸佛依般若波羅蜜多故，得阿耨多羅三藐三菩提。」

而在〈心經法〉中也說：「梵篋者，篋含之器物，萬法總持體也，阿含之梵文十二部經等諸教法也。是即以字法界爲篋，含藏一切文義梵篋也，是般若

無盡藏義也。」

於〈般若菩薩法〉中，也有類似的說法。

⦿持梵篋的本尊

以梵篋爲持物的本尊有：文殊菩薩、法波羅蜜菩薩、大隨求菩薩及龍樹菩薩等。

文殊師利菩薩（梵名 Mañjuśrī），又寫作文殊尸利、曼殊師利、曼殊室利、滿祖室哩，簡稱文殊。在其他經典中，又有妙德、妙首、普首、濡首、敬首、妙吉祥等名號。

文殊菩薩，也稱爲文殊師利法王子，或稱文殊師利童真、文殊師子童菩薩、孺童文殊菩薩。

除了常見到騎獅的形像外，文殊菩薩在胎藏界文殊院之尊形爲身呈黃色，左手持蓮華，上有三鈷杵或五鈷杵，右手持經卷。

法波羅蜜菩薩（梵名 Dharmapāramitā），爲金剛界四波羅蜜菩薩之一，從

文殊菩薩

般若波羅蜜菩薩

智法身大日如來的自性清淨蓮華智所出生，能加持行者於無量三昧陀羅尼門諸解脫法中，得證妙觀察智。

其尊形爲身呈赤肉色，現天女形，著羯磨衣，手結定印，上立蓮華，華上有梵篋。

而大隨求菩薩之八臂持物中，右第三手即爲梵篋；龍樹菩薩手持經篋閱經，龍王於其背後覆護之造像亦流傳甚廣。

⊙此類持物常見諸尊

文殊菩薩（中台八葉院）、大隨求菩薩、般若菩薩、妙音菩薩、折諸熱煩菩薩、智波羅蜜菩薩、法波羅蜜菩薩、無盡意菩薩。

袋

袋爲諸尊的持物之一。

◎經典中的意涵

在《白寶口抄》〈大黑天神法〉中說：

「袋者，大黑所持物也。種子字吾我執大空義，即以大空爲袋，此大空法界內無不攝萬法，故隨所求施眾生也。」這是說大黑天以大空法界爲袋，含攝一切萬法，隨眾生有所求而施予眾生。

◎持袋的本尊

大黑天（梵名 Mahākāla），密教守護神之一，梵文音譯爲摩訶迦邏、莫訶哥羅，意譯爲大黑或大時，又稱爲摩訶迦神，或摩訶迦羅神、大黑神、大黑天神、嘛哈嘎拉。大黑天敬愛三寶，護持修行人，能滿足眾生世間、出世間的資財。

一般而言，大黑天有兩種造形，一是忿怒形，一是福神造形。在修法時，忿怒形多用在作降魔、調伏法時；福神則主求福德之時所奉。

修習東密與藏密的人，對大黑天法頗爲重視，都用於祈禱爲行者除魔，修行勝利成就與求福德時所修。

日本更以大黑天爲七福神之一，認爲大黑天乃授與世間富貴官位之福神，廣受民間崇信。東密相傳，此尊係大日如來爲降伏惡魔所示現的忿怒藥叉形天神，藏密則傳爲觀世音菩薩所顯化的大護法。其爲日本與西藏兩系密教均相當重視的修法本尊。

大黑天爲福神造形時，作凡人貌，頭戴圓帽，背上負一囊袋，持小槌，踏米袋。

中國的布袋和尚亦是持袋。

而胎藏界外金剛部院的持明成就仙眾（梵名 Siddhavidyādhara），亦持袋，尊形爲身呈肉色，現童子形，左手持革袋，右手持棒。

另焰摩天的眷屬，奪一切人命（梵名 Mṛtyu），其尊形身爲肉色，呈餓鬼形，右手持皮袋，左手持華。

◎此類持物常見諸尊

大黑天、布袋和尚、奪一切人命、持明成就仙眾。

大黑天

第二章 莊嚴器具類持物

幢

幢（梵名dhvaja、ketu、patāka），又稱作脫闍、寶幢、天幢等。爲旗的一種，即附有種種絲帛，用以莊嚴佛菩薩及道場的旗幟。而幢、幡亦經常一起出現，做爲莊嚴道場之器具。

幢原用於王者之儀衛，或作爲大將之指揮旗；由於佛爲法王，能降伏一切魔軍，故稱佛說法爲建法幢，並視幢爲莊嚴具，用來讚歎佛菩薩及莊嚴道場。在《法華經》卷五〈分別功德品〉中說：「一一諸佛前，寶幢懸勝幡。」

因此，寶幢又稱法幢，即莊嚴佛菩薩之旗幟，常以諸多寶物嚴飾。

根據《大日經疏》卷五載，由於幢上置如意珠，故稱寶幢。《觀無量壽經》中亦說：「於其臺上自然而有四柱寶幢，一一寶幢如百千萬億須彌山，幢上寶縵如夜摩天宮，復有五百億微妙寶珠以爲映飾。」

◉經典中的意涵

在《白寶口抄》〈地藏法〉中說：「幢幡上有寶珠，故名寶幢。是則淨菩提心體，萬行依之成就。寶珠無垢位八九住心是也，置高幢上雨眾寶，自他受用第十祕密莊嚴住心，餘教不共三密修行位也。」可見此寶珠幢亦象徵眾生清淨菩提心體。

⊙持幢的本尊

幢亦是佛菩薩持物之一，如胎藏界曼荼羅之地藏菩薩，及風天、阿彌陀二十五菩薩來迎圖中之藥王菩薩，及敦煌出土之引路菩薩等都持幢。又，寶幢如來、地藏菩薩、金剛幢菩薩、風天等都以幢爲三昧耶形。此外，幢竿頭安有如意寶珠者稱爲如意幢、摩尼幢，安有人頭者則稱爲壇拏幢或人頭幢。

胎藏界地藏院的院主地藏菩薩，其尊形即爲右手持寶珠，左手持蓮上有如意寶珠幢。《寶鏡抄》中說：「金剛幢者是地藏全體也，謂幢者寶部中西方幢菩薩也，幢是如意寶幢也，此即萬法能生體也。地藏亦萬法能生體，故以幢爲三形也。又一切草木莖皆幢也。」

金剛界三十七尊之一的金剛幢菩薩，亦以幢爲標幟。

金剛幢菩薩（梵名Vajraketu），爲南方寶生如來四親近菩薩之一，象徵一切如來廣大圓滿一切眾生所願，而出生此菩薩。此尊亦爲金剛界十六菩薩之一。其尊形爲身呈肉色，兩手持金剛幢。

地慧童子

毗沙門天王

此尊菩薩爲毗盧遮那佛於內心證得金剛寶幢三摩地的智慧，從金剛幢三摩地智慧中，流出金剛幢光明，遍照十方世界，滿足一切眾生心願。爲了讓一切菩薩受用三摩地智慧的緣故，化成金剛幢菩薩。

金剛幢菩薩能加持行者滿足一切有情世間及出世間所有的希願，就如同摩尼寶幢，心無分別，皆令眾生滿足。

⦿此類持物常見諸尊

七俱胝佛母、大隨求菩薩、地慧童子、地藏菩薩、愛金剛、金剛幢菩薩、智幢菩薩、毗沙門天王。

傘蓋

傘蓋（梵 chattra）為遮日防雨所用的一種傘。又稱蓋、笠蓋、寶蓋、圓蓋、花蓋、天蓋。《摩訶僧衹律》卷三十二中說：「此有樹皮蓋、樹葉蓋、竹蓋三種。」《有部毗奈耶雜事》卷六記載，蓋有竹、葉二種，傘柄長限二肘。

古印度部族在重要會議時，為了避暑，常利用大樹的樹蔭作為議事的場所。而在這種場合中，部族的長老往往背對著樹幹而坐。釋尊說法時也繼承這種習俗，在諸經典中皆有當時情景的記述。後來，此種習俗變化為傘蓋，而後又變成王者的象徵、或者法王釋尊的象徵。

⊙經典中的意涵

經典中，爲了讚歎佛陀的尊貴，在《大寶積經》卷十一〈密跡金剛力士會〉描寫供養佛陀的華化爲華蓋的情景，說：「皆各散花奉事貢上。密跡金剛力士將其散花化成華蓋，承佛之威神，是諸華蓋咸來佛所，繞佛及密跡金剛力士三匝，（中略）又其寶蓋住虛空中，當於佛上，是寶蓋出如此無比好妙之聲。」

這是以寶蓋來供養佛陀，表達誠敬皈命之意。而大白傘蓋佛母、金剛摧天持傘蓋，則表示覆蓋保護一切有情之意。

⊙持傘蓋的本尊

白傘蓋佛頂（梵名 Sitātapatrosṇīṣa，Sitātapatra），音譯悉怛多鉢怛羅。意譯白傘蓋、白繖、白繖蓋。其主要在彰顯佛陀之淨德，覆蓋一切有情。又稱白傘佛頂、白繖蓋佛頂輪王、傘蓋佛頂、白傘蓋頂輪王菩薩。爲五佛頂之一，亦爲八佛頂之一。此尊於胎藏界曼荼羅中位列釋迦院，以白淨慈悲之蓋護覆眾生爲本

白傘蓋佛頂

金剛摧天

誓。

此尊尊形有作身呈黃色，左手執蓮花，蓮上有白傘蓋，右手臂上屈，並屈五指，作拇指、食指相捻狀，結跏趺坐於赤蓮上。另有作手持白傘蓋，放白色之光，坐大白蓮上之形像者；或右手五指張開而拇指、無名指相捻者，各經所載不同。

此外，金剛摧天（梵名 Vajravikiraṇa），也是手持傘蓋，其又稱金剛摧碎天、傘蓋毗那夜迦。為金剛界外金剛部二十天之一，五類天中之虛空天，位列金剛部東方之中央。此尊為大日如來為攝取諸毗那夜迦而示現之應同身，持傘蓋表覆護一切眾生；又以其能摧破種種障難，而名為金剛摧碎。其尊形身呈白肉色，象頭人身，兩手持傘蓋。

瓶

瓶又可分寶瓶及淨瓶。

寶瓶（梵名 kalaśa），梵名音譯作迦羅奢、羯攞賒；或稱作 kuṇḍikā，音譯爲軍持。又稱作賢瓶、德瓶、如意瓶、吉祥瓶、閼伽瓶。於密教，盛裝閼伽之瓶，特稱爲閼伽瓶。其餘之名稱總爲美稱德號。又灌頂時所

持用之寶瓶，則稱爲灌頂瓶。

而淨瓶則是指生活中飲水、洗浴所用的水瓶。

⦿經典中的意涵

一般寶瓶內置五寶、五穀、五藥、五香等二十種物，並滿盛淨水，瓶口插寶

華、妙華爲蓋，瓶頸繫綵帛以作裝飾。寶瓶顯地大之形，地大乃「阿字本不生」之位，即表徵眾生本有的淨菩提心之理德。內置二十種物即開顯菩提心之德。

又寶瓶爲南方寶部之三昧耶形，插入之花係表理智冥合時之沙羅樹王佛萬德開敷之相，開敷華王如來即以此爲三昧耶形。

而甘露瓶更有平息煩惱災障之意。在《佛說大摩里支菩薩經》卷二中說：「……復想摩里支菩薩亦月輪中坐，身如秋月之色，面圓如月，作童女相。眼如白優鉢羅花，身著白衣種種莊嚴，普相圓滿，光焰如火，爲息災故持甘露瓶，常流甘露，爲熱惱眾生以甘露濟度。」

◎持瓶的本尊

以瓶爲持物的本尊，在《千手千眼觀世音菩薩大悲心陀羅尼》中以其爲千手觀音四十手持物之一。又，胎藏界曼荼羅諸尊中，中臺八葉院之彌勒菩薩、觀音院之毗俱胝菩薩及不空羂索菩薩、蘇悉地院之十一面觀自在菩薩，及外金剛部之火天等，皆持軍持（瓶）。

彌勒菩薩（梵名 Maitreya），梵名又音譯作梅怛儷耶、彌帝隸，或梅任梨，意譯作慈氏。他是繼釋尊之後在此娑婆世界成佛的菩薩，所以又稱爲一生補處菩薩、補處薩埵或彌勒如來。

彌勒菩薩的特德，是在拔除眾生痛苦之後，更進一步給予眾生法樂。他涵蓋了世間與出世間，使眾生在世間的生活上能平和地具足一切，在出世間上，則使眾生得到真實的大安樂。

其於胎藏界中台八葉院的尊形爲身白肉色，左手施無畏印，右手持蓮華，上有澡瓶。頭戴寶冠，上有寶塔。

賢護菩薩（梵名 Bhadrapāla），梵名音譯作跋捺羅波羅菩薩、跋陀波羅菩薩、拔陂菩薩、跋陀和菩薩、髮捺羅播邏菩薩。又稱賢護長者、賢護勝上童真、善守菩薩、賢守菩薩。爲八大菩薩之一，十六大菩薩之一。依據《大寶積經》卷一〇九記載，此賢護長者爲一富商之子，其所受諸樂、果報，爲忉利帝釋天王所不能及。又據《大佛頂首楞嚴經》卷五所載，跋陀婆羅入浴室而悟水因，既不洗塵亦不洗體，中間安然得無所有，因此，禪宗遂於浴室安置賢護尊者。

此尊於胎藏界除蓋院之尊形爲呈肉色，現女形，左手捧寶瓶，右手持獨股杵，坐於赤蓮花上。

而初禪天之大梵天王，於胎藏界外金剛部院東門之尊形亦持瓶，其身呈白肉色，頭戴髮髻冠，有四面各具三目、四臂。四臂中，右第一手持與願印，第二手持戟，左第一手持蓮華，第二手持瓶。

而藏密中雪山五長壽女之主尊，長壽自在母亦手持長壽寶瓶。

雪山五長壽女，爲西藏佛教的長壽尊之一，分別執掌眾生福壽、先知、衣田、財寶和牲畜，修其法能消除瘟疫，長壽自在。又稱吉祥長壽五母，爲蓮師之智慧空行母，亦是大成就者密勒日巴尊者的五位秘密空行母。

五空行母以中央的長壽自在母爲首，其身相爲白色，右手持金剛杵，左手持長壽寶瓶，騎白色雪山獅。

⊙此類持物常見諸尊

彌勒菩薩、七俱胝佛母、毗俱胝菩薩、不空羂索觀音、賢護菩薩、十一面觀音、大梵天、火天、大光音天。

彌勒菩薩

賢護菩薩

輪

輪，一般是指金輪和法輪。

金輪（梵語 Kāñcana-maṇḍala）爲金輪寶之略稱。又作輪、輪寶（梵 cakra-ratna）。指轉輪聖王手持金剛作之輪寶（輪形武器，屬七寶之一）。傳說隨著輪寶之轉動，所向之處悉皆歸伏。持金輪寶之轉輪聖王，稱爲金輪王，亦略稱金輪。

輪寶的基本形態是像一車輪的形狀，車輪的車軸裝入轂、輻、輞、鋒等四部。輻是轂放射出來的肘木；輞是外輪；鋒是具有武器功用的鈷，在輞外部的數目與輻同。

法輪（梵名 dharmacakra），爲佛陀說法之象徵。

⊙經典中的意涵

法輪有以下三種意義：

(1)摧破之義，因佛法能摧破眾生之罪惡，猶如轉輪聖王之輪寶，能輾摧山丘巖石，故喻之爲法輪。

(2)輾轉之義，因佛之說法不停滯於一人一處，猶如車輪輾轉不停，故稱法輪。

(3)圓滿之義，因佛所說之教法圓滿無缺，故以輪之圓滿喻之，而稱法輪。在《大智度論》卷二十五中說：「佛轉法輪，一切世間天及人中無礙無遮。（中略）遇佛法輪，一切煩惱毒皆滅。（中略）一切邪見、疑悔、災害皆悉消滅。」

輻的數目有四、五、六、八、一二、一〇〇及一〇〇〇等各種，各代表不同的意義。四輻表四諦，五輻表五道，六輻表六道，八輻表八正道，十二輻表三轉十二行法輪，也代表十二因緣。而百輻、千輻則表萬法具足之功德輪。其鋒有三種，獨鈷杵的前端突出輞外的形狀，叫做「八鋒輪寶」；將輞外圍成八角，附上刀刃者，叫做「八角輪寶」；此外，使三鈷形向外突出者，稱爲「三鈷輪寶」。

《一字頂輪王軌》中記載大佛頂八輻金剛輪寶：「復從月輪內踊出大法輪，金剛之所成，輪皆鋒銳，其色如檀金，遍流大威光，過聚塵數，依住月輪面，金剛表極堅固，圓顯福智滿，利爲無戲論，斷壞諸妄執；光表一切智，除破諸愚暗，以是現輪形，量同虛空故，虛空諸如來，盡入於輪內。即現此智輪。」

文中說此八輻金剛輪色如閻浮檀金，遍流出威赫光明。金剛代表堅固不壞，輪圓顯現福德、智慧圓滿，鋒利表其斷諸戲論、妄執，光明表一切智，破除諸愚痴黑暗，因此現輪形，量等同虛空，一切如來盡入於此輪。

⊙持輪的本尊

熾盛光佛頂，於胎藏界釋迦院，即現佛頂輪王之相，手持八輻金輪，於七師子座，身放無量百千光明，頂旋傘蓋，上面出現一俱胝佛身，放大光明，悉旋轉坐傘蓋中。

⊙此類持物常見的諸尊

七俱胝佛母、大隨求菩薩、如意輪觀音、大威德明王、最勝佛頂、熾盛光佛頂、金剛因菩薩、共發意轉輪菩薩、千手觀音、曼荼羅菩薩、一〇八臂金剛藏王菩薩、那羅延天。

熾盛光佛頂

法螺

法螺（梵名 dharma-śaṅkha），譯爲商、珂貝，又稱爲法嬴、寶螺、金剛螺、蠡、蠡貝、螺貝等。

後世常以法螺爲佛事中所使用的法器之一。在卷貝的尾端附笛製成，狀似喇叭。在《洛陽伽藍記》卷五記載，烏場國有早晚吹法螺以禮佛的習俗。《廣清涼傳》卷上記載，五台山大孚靈鷲寺啟建法會時，即以法螺、箜篌、琵琶齊奏。

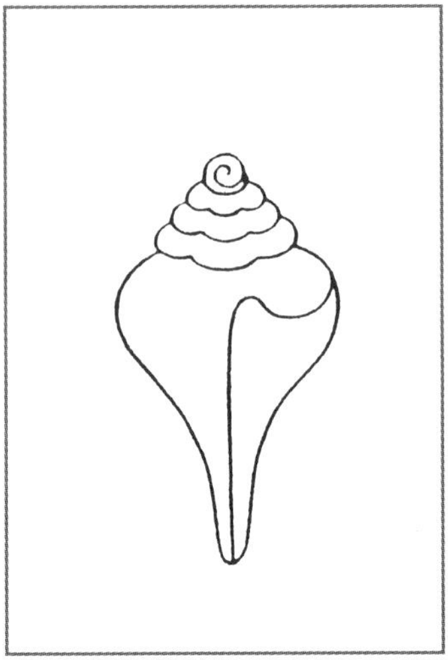

⊙經典中的意涵

在經典中常以法螺之音悠揚深遠來比喻佛陀說法之妙音，如《法華經》〈序品〉中說：「今佛世尊欲說大法，雨大法雨、吹大法螺。」

在密教之中，法螺是灌頂所必須的法器之一。

在《略出經》中記載，灌頂時，上師應授以商佉，告言作是，從今以後，汝應轉動諸佛之法輪，當吹無上之法螺，遍傳大法聲於一切處。

《不空羂索神變真言經》第一八卷中說：「若加持螺，諸高處望，大聲吹之，四生之眾生，聞螺聲滅諸重罪，能受身捨己，等生天上。」而《千手千眼觀世音菩薩廣大圓滿無礙大悲心陀羅尼經》則說：「若為召呼一切諸天神，當用寶螺手。」表示為召集眾神的鳴示。

《不空羂索經》卷十八〈世間成就品〉也記載，眾生聞螺聲，能滅重罪，或往生西方極樂國。

而在《白寶口抄》〈大佛頂法第二〉中則說：「白螺者，本有色即白淨義也，螺出聲是說法義也，故《胎藏界軌》云：『無量聲，二手持商佉，說寂滅妙法，』又注釋云：『起無量聲，降伏眾生魔軍也。』」

無量音聲佛頂

生念處菩薩

⦿持法螺的本尊

無量音聲佛頂（梵名 Anantasvaraghoṣacakravartin），即以法螺爲持物及標幟，爲三佛頂之一，主要在表彰佛陀以無量妙音說法，使眾生各得開解。其尊形身呈黃色，左手持蓮華，上有螺貝，右手立掌，屈食指、中指。

此外，位於胎藏界最外院南方之金翅鳥，其尊形呈吹奏法螺狀。

⦿此類持物常見的諸尊

七俱胝佛母、無量音聲佛頂、生念處菩薩、迦樓羅。

塔

塔（梵名 stūpa），梵名又音譯作窣覩婆、窣都婆、窣堵婆、藪斗婆、數斗波、蘇偷婆、素覩波、私鍮簸、率都婆、率都婆。略譯作塔婆、偷婆、兜婆、佛圖、浮圖、浮屠、佛塔。意譯作高顯處、功德聚、方墳、圓塚、大塚、塚、墳陵、塔廟、廟、歸宗、大聚、聚相、靈廟。爲「頂」、「堆土」之義。

塔原指爲安置佛陀舍利等物，而以甎構造成之建築物。但到後來，多與「支提」（梵 caitya）混同，而泛指於佛陀生處、成道處、轉法輪處、般涅槃處、過去佛之經行處、有關佛陀本生譚之聖地、辟支佛窟，乃至安置諸佛菩薩像、佛陀足跡、祖師高僧遺骨等，而以堆土、石、甎、木等築成，作爲供養禮拜之建築物。

據《摩訶僧祇律》卷三十三、《法華義疏卷》十一等之記載，則應以佛陀舍利之有無爲塔與支提之區別，凡有佛陀舍利者，稱爲塔；無佛陀舍利者，稱爲支提。

有關造塔之起源，可遠溯至佛陀時代，如《十誦律》卷五十六所記載，須達長者曾求取佛陀之髮與爪，以之起塔供養；如《摩訶僧祇律》卷三十三所記載，波斯匿王仿效佛陀，建立迦葉佛塔禮拜供養。於佛陀入滅之後，則有波婆國、人遮羅國、羅摩伽國等八國，由香姓婆羅門八分佛陀舍利，八國各自奉歸起塔供養，此即建造窣堵波之嚆矢。此外，據《阿育王傳》卷一、《善見律毗婆沙》卷一等記載，佛陀入滅後二百年頃，君臨摩揭陀國之阿育王，曾於其領土各地建八萬四千寶塔。

◎經典中的意涵

在諸尊的手印中，也有以手印來代表塔者，又稱率都波印。即密教金、胎兩部大日如來及法華經之本尊釋迦牟尼如來之印契。塔印有理塔、智塔、心塔三種。以表胎藏界大日如來一字所成之理塔的無所不至印爲佛部塔印，以表金剛界大日如來五字所成之智塔的外五股印爲金剛部塔印，以表法華經本尊釋迦牟尼如來之未敷蓮華，即毗盧遮那之心塔的法華印爲蓮華部塔印。即以此三印配列三部之故，稱爲三部塔印。

◎持塔的本尊

在密教諸尊像中，以塔爲三昧耶形或持物者，如金剛界之大日如來及毗沙門天王以寶塔爲三昧耶形，胎藏界之大日如來以五輪塔爲三昧耶形；復因密教以大日如來表示法界體性智，故其三形塔又稱法界塔。此外，三十臂彌勒菩薩與多聞天之持物均爲寶塔，彌勒菩薩之寶冠上亦安置五輪塔，稱爲塔婆寶冠。

毗沙門天王（梵名 Vaiśravaṇa），又作普聞天、多聞天，爲四天王之一，及八方天之一。屬五類天中的地居天，住於須彌山第四層之北面，守護閻浮提北方，率領夜叉羅刹等二神眾兼守其餘三州。由於時常守護道場，聽聞佛法，故稱多聞。又因能賜予福德，故亦爲七福神之一，其尊形爲身呈金色，左手捧塔，右手持寶柘。

◉此類持物常見諸尊

毗沙門天王。

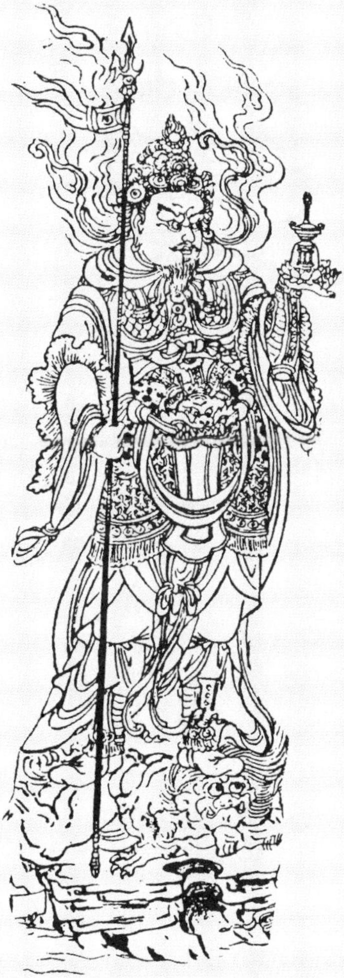

毗沙門天王

如意寶珠

如意寶珠（梵語 mani），音譯摩尼、末尼，又作寶珠，即珠之總稱。其端嚴殊妙，自然流露出清淨光明，普遍照曜四方，能隨心意，滿足一切所願，故稱如意寶珠。

在《大智度論》卷五十九中說：「有人言：『此寶珠從龍王腦中出，人得此珠，毒不能害入，火不能燒，有如是等功德。』有人言：『是帝釋所執金剛，用與阿修羅戰時碎落閻浮提。』有人言：『諸過去久遠佛舍利法既滅盡，舍利變成此珠，以益眾生。』有人言：『眾生福德因緣故自然有此珠。』」而《雜寶藏經》卷六中說：「佛言：『此珠摩羯大魚腦中出，魚身長二十八萬里，此珠曰「金剛堅」也。』」《觀佛三昧經》中則說，金翅鳥肉心爲如意珠。

《摩訶般若波羅蜜經》卷十描寫此寶珠：以其於闇中能令明，熱時能令涼，寒時能令溫；珠所在之處，其地不寒不熱；若人有熱、風、冷病或癩、瘡、惡腫等，以珠著其身上，病即除癒。又摩尼寶所在之水中，水隨作一色。《大毗婆沙論》卷一〇二更列舉出：光明末尼、清水末尼、方等末尼、無價末尼、如意珠等五種寶珠。

◎經典中的意涵

如意寶珠除了世間的意義之外，亦象徵一切眾生本具之淨菩提心。《大日經》卷七〈真言學處品〉中說：「淨菩提心如意寶，滿世出世勝希願。」《大日經疏》卷四中說：「當思惟心蓮華臺中麼字門，一切諸法我不可得故，即是無障礙菩提心也，亦是如意寶珠。」

密法中的「如意寶珠法」，亦觀想釋迦牟尼佛入於寶生三昧，其法生身舍利與我等本具之覺性等同無二。

⊙持如意寶珠的本尊

以如意寶珠爲持物的本尊有很多，尤其是寶部、增益法的諸位本尊，多持如意寶珠。以下列舉之：

虛空藏菩薩（梵名Ākāśa-garbha，Gagana-gañja），音譯是阿迦捨蘗婆、誐誐曩彥惹，即具足福、智二藏無量無盡，等如虛空，廣大無邊之意。又稱爲虛空孕菩薩。

此菩薩能流出無量的法寶，普施於所欲者，以利樂眾生，是胎藏界曼荼羅虛空藏院的主尊，以及現圖胎藏界曼荼羅釋迦院釋迦牟尼佛的右方脇侍，及金剛界曼荼羅賢劫十六尊之一。

虛空藏菩薩爲胎藏界虛空藏院的主尊，其尊形身呈肉色，頭戴五佛冠，右手屈臂持劍，劍緣有光焰；左手置於腰側，握拳持蓮，蓮上有如意寶珠，坐於寶蓮華上。其所持的寶珠、劍，即表福德、智慧二者圓滿具足。

而如意輪菩薩前的侍者寶供養（梵名Ratnapūjā），亦手捧如意寶。其尊形身呈肉色，於蓮台上作跪姿，兩手持金剛盤，上盛寶珠。

⊙此類持物常見的諸尊

大勇猛菩薩、如意輪觀音、一切如來寶（佛眼佛母）、如來毫相菩薩、虛空藏菩薩、金剛寶菩薩、如來語菩薩、寶手菩薩、除蓋障菩薩、不思議慧菩薩、戒波羅蜜菩薩、四臂觀音、馬頭明王。

不思議慧菩薩

寶鏡

鏡（梵名darpaṇa），爲鑑照面容之具。又稱懸鏡、壇鏡、寶鏡。《陀羅尼集經》卷三將其列爲二十一種供養具之一，同經卷十二亦載其爲嚴飾道場之具。或以鏡面鐫刻佛像，懸掛於佛前供養之。

而鏡亦爲比丘日常生活用具，只是平日不得使用。根據《摩訶僧祇律》卷三十三記載，比丘不得隨意以鏡照面，然於病癒、新剃頭或頭面生瘡時則允許使用。後來亦用來作爲佛堂或光背之莊嚴具。

◎經典中的意涵

經典中常以明鏡表示清淨法身之德；於五智中，相當於大圓鏡智。禪宗亦常以「鏡」或「明鏡」比喻眾生本具之佛性清淨，能照萬物。在密教中，鏡子亦做爲灌頂用具之一，阿闍梨對弟子們出示鏡子，以喻諸法實相。而《禪林象器箋》〈器物門〉中也說道場於坐禪處多懸明鏡，以助心行。

經典中亦以鏡中相來表達虛幻不實之事。如「鏡谷」一詞，鏡，鏡像之意，是指影像之映現於鏡中；谷，谷響之意，謂聲響之回應於山谷中。鏡中所現之像，實不可得；谷中之聲響亦非實有。故鏡谷乃譬喻萬法假有而無實體。

⦿持鏡的本尊

千手觀音的四十手中即有一手爲寶鏡手，經中說：「若爲成就廣大智慧者，當於寶鏡手」。而藏密中的雪山五長壽女中的吉祥長壽自在母、翠顏天母也都以鏡爲持物。

翠顏天母位於中央長壽天母的東方，其尊形爲雙手各持著占卜魔鏡，或有說身藍色，右持寶鏡，左手執五色寶幡，騎著藍紋斑馬，或有說騎野驢。

⊙此類持物常見的諸尊

忍波羅蜜菩薩、千手觀音、三昧王菩薩、長壽自在母。

忍波羅蜜菩薩

扇

扇亦爲佛教持物之一，在《集經》卷十一中說：「扇，如維摩詰前天女把扇，於扇當中作西國 卍 字，如佛胸上萬字，四曲內各作四箇日形，一一著之，其天扇上作焰光形。」

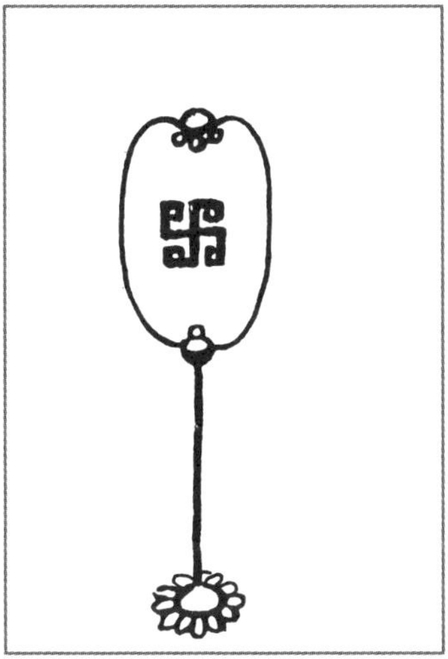

⊙經典中的意涵

天扇形又名圓扇，是諸天持物也，又常以團扇表日輪之體。

摩利支天菩薩即以天扇爲持物。在《白寶口抄》〈摩利支天法〉中說：「扇亦隱形義也，扇是旋風，能拂煩惱雲霧，顯菩提覺月義也。萬 卍 字者，[illegible] 字也，即心也，指心月輪意也，是自心當體五智圓滿義，四箇日形表四智故也，既成覺滿月，隔無明翳眼，故隱形義也。」

文中說，扇能起風，拂去煩惱雲霧，顯露眾生本具之清淨菩提心月輪。

⊙持扇的本尊

摩利支菩薩即以扇爲持物。

在《佛說摩利支天菩薩陀羅尼經》中說：「若欲供養摩利支菩薩者，應用金、或銀、或赤銅、或白檀香木、或紫檀木等，刻作摩利支菩薩像，如天女形，可長半寸，或一寸二寸已下，於蓮花上或立或坐。頭冠瓔珞種種莊嚴極令端正，左手把天扇，其扇如維摩詰前天女扇，右手垂下揚掌向外，展五指與願勢，有二天女各執白拂侍立左右。作此像成，戴於頂上或戴臂上或置衣中，以菩薩威神之力不逢災難，於怨家處決定得勝，鬼神惡人無得便。」這是說造摩利支菩薩持扇之像置於頂上或臂上或衣中，可不逢災難。

⊙此類持物常見諸尊

摩利支天、維摩詰菩薩之天女。

香爐

香爐爲焚香的器具，與花瓶、燭臺等一齊供養於佛前，爲莊嚴具之一。

香爐大致可分爲四類：置於桌上的置香爐，持於手上的柄香爐，坐禪時所用的釣香爐，及灌頂時，受法者跨越而以淨身之象爐。

在《金光明經》卷二〈四天王品〉中，四天王驚異的禀告世尊，人間於佛陀說法時燒香供養，其妙香氣於一念頃即至諸天宮殿。佛陀回答：此香蓋光明，非但至四天王宮殿，當其手擎香爐，供養經時，其香遍布十方世界。

由此可知，古代於佛前行祈拜供養之時，以手擎香爐；後世之柄香爐，即承襲此遺風而來。

欲金剛女

⊙經典中的意涵

香在經典中，代表去除一切惡臭、污穢、煩惱，而能出生廣大遍滿的智慧之香。如經中將戒、定、慧、解脫、解脫知見，稱為「五分法身香」，即是以香之妙好、普薰，比喻法身之清淨微妙。

⊙持香爐的本尊

金剛燒香菩薩（梵名 Vajradhūpā），為金剛界外四供養菩薩之一。

此尊為毗盧遮那佛於內心證得金剛焚香雲海三摩地的智慧，從金剛焚香雲海三摩地的智慧中，流出金剛焚香，光明遍照十方世界，供養一切如來，破除一切眾生臭穢煩惱，獲得適悅無礙智慧之香。為了使一切菩薩受用三摩地智慧的緣故，化成金剛燒香侍女菩薩形。

金剛燒香菩薩能加持行者證得如來悅意無礙智香。

其尊形為黑色（或青色），現天女形，兩手持香爐。

燈明

燈明（梵名Dīpa）指燈火之明。又稱燈。亦指供奉於佛前的燈火，有油火、蠟燭火等類，與香華均被廣用爲供養諸尊之資具。

⊙經典中的意涵

經中常以燈明象徵如來智慧，《觀心論》中說：「長明燈者，正覺心也。覺知明了，喻之爲燈，是故一切求解脫者，常以身爲燈臺，心爲燈盞，信爲燈炷，增諸戒行以爲添油，智慧明達喻如燈光常然。如是覺燈，炤破一切無明癡暗，能以此法轉相開悟，即是一燈然百千燈，以燈續明，終無盡故，故號長明。過去有佛，名曰然燈，義亦如是。」

《大般涅槃經》卷二十一中說：「煩惱闇故眾生不見大智，如來以善方便燃智慧燈，令諸菩薩得見涅槃、常樂我淨。」

經典中記載，以燃燈供於佛塔、佛像及經卷等之前有大功德。《增一阿含經》卷三十八中記載，燈光如來於過去世爲長老比丘時，以燭火麻油日日供養寶藏如來，因而得成佛之授記。《悲華經》卷二記載：無諍念王於寶藏如來及大眾前燃百千無量億那由他燈；《菩薩本行經》卷上亦記載，闍那謝梨王爲聞法，於身上燃千燈，以求無上正真之道。

⊙持燈明的本尊

金剛燈菩薩（梵名 Vajrālokā），爲金剛界外四供養菩薩之一。

此尊爲毗盧遮那佛於內心證得金剛燈明雲海三摩地智慧，從金剛燈明雲海三摩地的智慧中，流出金剛燈明光明，遍照十方世界，供養一切如來，破除一切眾生無明，獲得如來肉眼、天眼、法眼、慧眼、佛眼等五眼清淨，還來收爲一體。爲了使一切菩薩受用三摩地智慧的緣故，化成金剛燈女菩薩，安住西北角金剛寶樓閣。

由於金剛燈明菩薩加持的緣故，能使一切眾生獲得五眼清淨無礙，自利利他，明照萬法，自在無礙。

此尊尊形在成身會中呈赤肉色，現天女形，兩手持燈器。

愛金剛女

第三章 兵器類持物

劍

劍，兵器名，兩邊有刃，中間有脊。在佛教中常以劍之銳利能斷，象徵般若智慧。

⊙經典中的意涵

在如《白寶口抄》〈勝佛頂〉法中說：

「利劍者，是般若無相利劍，能斷一切眾生戲論妄執也。此尊印則大惠刀印是義也。大寂空故名勝佛頂。義釋七云：是大寂之頂，故名爲勝，大空義。大空智義故，此尊以利劍爲三形也。」

這是說勝佛頂尊以利劍爲三昧耶本誓之標幟，能斷除一切眾生戲論妄執，爲大空智慧之義。

⊙持劍的本尊

在《底哩經》卷上說：「（不動明王）右手執劍者，如世間征戰防禦，亦皆執利器然始得勝，菩薩亦然。」又說：「執持利劍能斷壞生死業愛煩惱。」《白寶口抄》〈不動法〉中說：「劍者，淨菩提心智體也，外能降伏天魔外道等，內殺害一切眾生無明煩惱惑障義也。」

文殊菩薩仗劍騎獅之造像也經常可見。在《白寶口抄》〈五字文殊法〉中說：「劍者，智慧義也，有照法界義，法界理智二法也，具威光是智之用也，劍亦有理智之德，劍體理義有斷妄執德。」

文殊菩薩

阿修羅

在〈八字文殊法〉中說：「劍即智慧義。離諸分別能斷苦也，此三形亦如五字文殊也。」

金剛界曼荼羅的金剛利菩薩，即象徵毘盧遮那佛金剛利劍般若波羅蜜三摩地智慧，能斷除一切眾生結使煩惱，加持行者以般若智劍，斷除自身與他者無量煩惱、雜染、諸苦。

金剛利菩薩亦是持劍。此尊於金剛界曼荼羅成身會中之尊形為身金色，左手持蓮華，上置梵篋，右手持劍。

不動明王（梵名 Acalanātha），為密教五大明王之一或八大明王之一，又稱不動金剛明王、不動尊、無動尊、無動菩薩，密號為常住金剛。

另外，在《大日經疏》卷五中則敍述，不動尊雖久已成佛，但以三昧耶本誓願故，示現奴僕三昧，為如來僮僕，執作眾務，所以又名不動使者、無動使者，受行者的殘食供養，常晝夜擁護行者，令成滿菩提。

不動尊承著如來忿怒之命，持慧刀及羂索，斬斷一切眾生所具的業障痛苦煩惱的壽命。使他們在布施、愛語、利行、同事等的菩提心四攝之索的鈎召之下，圓成佛道。

在《大日經疏》卷五中說：「所以持利刃與羂索者，承如來忿怒之命，蓋欲殺一切眾生也。羂索是菩提心四攝方便，以此執繫不降伏者。以利慧刃，斷其業壽之命，令得大空生也。」

《白寶口抄》卷九十九中說不動明王，第十一右手執劍，表殺害眾生現在三毒煩惱。第十二左手持索，表繫縛不降伏者，以利慧劍斷惑業，令引至菩提。

在《勝不動明王四十八使者秘密成就儀軌》中記載，不動明王的誓願為：「見我身者，得菩提心，聞我名者，斷惑修善，聞我說者，得大智慧，知我心者，即身成佛。」

關於此尊的形象，依據不同的經典、傳承，有諸多不同法相，隨緣示現。據《大日經》〈具緣品〉、《底哩三昧耶經》等所述，右手持劍表斷煩惱惡魔，左手持索示現自在方便，頂有七髻，安坐在磐石上，為最常見的身相。

其他如，《不動使者法》中云：「當畫不動使者，身赤黃色，上衣斜帔青色，下裳赤色，左邊一髻黑雲色，童子相貌。右手執金剛杵，左手執羂索，口兩邊微出少牙，怒眼赤色，火焰中坐石山上。」

◎此類持物常見諸尊

大勇猛菩薩（三鈷劍）、七俱佛母、大隨求菩薩、普賢菩薩、勝佛頂、大威德明王、降三世明王、不動明王、不可越守護、髻設尼童子、虛空藏菩薩、般若波羅蜜菩薩、增長天、難陀龍王、烏波難陀龍王、阿修羅、羅剎天、金剛利菩薩。

戟

戟爲兵器名，合戈、矛爲一體，可以直刺也可以用橫擊，爲降伏自在之器杖。又可分爲獨股戟、三股戟等，於持物中常見者爲三股戟，即三叉戟。

三股戟（梵名 tri-śūla 或 śaktiḥ），梵名音譯爲咥哩首羅。又稱作三頭戟、三鈷戟、三叉戟、三古鉾，略稱作三戟。乃密教法器之一，爲尖端分三股之戟。

⊙經典中的意涵

三股戟之三股表降伏貪瞋癡三毒煩惱，以顯佛部、金剛部、蓮華部等三部諸尊之義。

在現圖胎藏曼荼羅中，降三世、大威德、勝三世、忿怒月黶、千手觀音、精進波羅蜜等諸尊皆持三股戟，外金剛部院之大自在天、廣目天、烏摩妃、水天眷屬等亦持此三形，概示摧破內外惡魔之德。

◉持三股戟的本尊

大自在天（梵名 Maheśvara），梵名音譯作摩醯首羅、莫醯伊濕伐羅。又稱作自在天、自在天王、天主。

此天原爲婆羅門教之主神濕婆，被認爲是一切萬物的主宰。濕婆神歸依佛教後，即成爲佛教的守護神，稱爲大自在天，住在四禪天。

此尊尊形身呈黑紫色，一面三目，寶冠上有仰半月，騎水牛，左腳下垂，左手持三股戟。

四大天王中的廣目天，尊形身呈白肉色，著天衣、甲冑，右手持三股戟，左手握拳置腿上。而瞿曇仙后（梵名 Cotamī），即瞿曇仙之后，其尊形爲現天女形，兩手亦持獨股戟。

◉此類持物常見諸尊

大隨求菩薩、忿怒月黶菩薩、金剛使者、大威德明王、勝三世明王、優婆髻設尼童子、召請童子、精進波羅蜜菩薩、大自在天、廣目天、鳩摩羅天。

忿怒月黶菩薩

大自在天

棒

棒，乃武器之一，即棍子，同棓。在《漢書》〈尒朱榮傳〉中說：「人馬逼戰，刀不如棒。」

⊙經典中的意涵

在《白寶口抄》〈大威德法〉中說：「棒器杖義，怒尊持物也。謂摧破六趣眾生惑業，令成無漏法性真實故，以如意寶珠棒爲三形也。又如意寶棒者，妙觀察智發順違方便利眾生時，如意輪寶珠體，是順方便也，大威德違方便，是教令輪擁護義也，故寶珠順方便，如意輪三形，棒違方便滿威德三形，此順違共備一體，德為成悉地也，甚深義也。」

之中說棒器多為忿怒尊所持，代表摧破六道眾生迷惑惡業，使其成就無有煩惱之法性。

而大威德所持之如意寶棒，即能降伏且能勾攝眾生。

⊙持棒的本尊

持棒的本尊經常可見，以下介紹金剛童子。

金剛童子（梵名 Kani-krodha），又稱為金剛兒；密號事業金剛。位列密教胎藏界曼荼羅金剛部院。相傳為阿彌陀佛的化身，或是與烏樞沙摩明王為同體之尊。其大威神力，能卻除眾生種種災苦，增長福德，修金剛童子法有得見諸佛、祈雨、避難、順產、除病等功德利益。

另在《金剛童子成就儀軌》中，有描述此尊自大海中湧出之形像為身如吠琉璃色，六臂三目，其目赤色，口咬下唇，顰眉威怒，頭戴寶冠，犬牙上出，左足

穢積金剛

大威德明王

踏寶山之蓮花，右足沒於海中，這也就是一般所說的青童子。

此外，其六臂像各手持物，或有作右第一手持底里賞俱金剛杵（三股杵）作擲勢；右第二手持母娑羅棒，即棒一頭如鐵杵形；右第三手執於鉞斧。左第一手把棒；左第二手如擬勢，作金剛拳，舒頭指；左第三手持劍。而身上以一大蛇於身上角絡繫，又以一切毒蛇，作膊釧、臂釧、腰條、瓔珞及耳璫繫髮。又以一大蛇繞腰三匝，身背圓光火焰圍遶，於火焰外有其雷電以相輔翼。

藏密中的白財神，一面二臂，面容半怒半笑，三目圓睜，髮上衝，以五佛冠爲頭飾，上身披綢緞，以各類寶物爲飾。右手持寶棒，左手持三叉，足右屈左半伸。以龍爲騎，蓮花月輪爲座，身白如月光。

◎此類持物常見的諸尊

持金剛鋒菩薩、金剛使者、金剛拳、大威德明王、阿耳多、阿波羅耳多、毗沙門天王、穢積金剛。

刀

刀，兵器之一，乃是供切割斬削的利器。

《蘇悉地羯囉經》卷中〈成就諸物相品〉：「若欲成就刀法，先取鑌刀，量長兩肘，以小指齊，闊四指，無諸病疹，其色紺青，如施鳥翎。」

在《白寶口抄》〈畢里孕加羅法〉中說：

「刀者，除降賊人之器杖也。」

⊙持刀的本尊

在《陀羅尼經》卷十一中說：四天王中的持國天左手伸臂垂下握刀，右手屈臂，向前仰手，掌中常拿寶物放光。

而增長天也是左手伸臂握刀，右手執稍，稍根著地。

除此之外，八大龍王之一的娑伽羅龍王亦持刀。

娑伽羅龍王（梵名 Sāgara-nāgarāja），爲觀音二十八部眾之一。梵名音譯娑竭龍王、沙竭龍王，意譯爲海龍王。娑竭羅是海名，此龍王爲海中最尊勝故，所以名爲娑伽羅龍王。《起世經》卷五中記載：此龍王是金翅鳥王所不能捕取的，從來未曾被金翅鳥王之所驚動。

此龍王之形象，依《千手觀音造次第法儀軌》所說，其身色赤白，左手執赤龍，右手握刀。

⊙此類持物常見諸尊

金剛使者、持國天、增長天、娑伽羅龍王、軍荼利明王妃。

持國天

娑伽羅龍王

鉤

鉤爲武器之一。鉤原爲印度武器之一，後爲密教採用，表示諸尊之三昧耶形，爲懷愛、鉤召法本尊常見持物之一。

於持物中最常見者爲三股鉤，三股鉤，又稱作三鈷鉤、金剛鉤，爲表示佛菩薩鉤召之德所用之三昧耶形，因其柄之鋒頭作三股

金剛形，故稱爲金剛鉤。

◎經典中的意涵

在《白寶口抄》〈尊勝法〉中說鉤有鉤召、聚集之義：「三股鉤者所持物即三形也，三股杵形也，杵者金剛義，是摧破義也，鉤者召集義也，謂大日自證智

台北郵政第26～341號信箱

全佛文化事業有限公司 收

廣告回信
台灣北區郵政管理局登記證
北台字第8490號

□□□□□
（請填寫郵遞區號）

姓名：

地址：

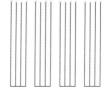

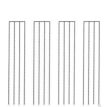

讀者服務卡

謝謝您購買此書，如您對本書有任何建議或希望收到最新書訊、法訊與相關活動訊息，請郵寄或傳真寄回本單。（免貼郵票）

姓名：________________ 性別：□男 □女

電話：________________ 手機：________________

出生日期：______年______月______日 婚姻狀況：□已婚 □未婚

住址：________________________________

E-mail: ________________________________

法門傾向：□顯宗 □密宗 □禪宗 □淨土 □其他________

學歷：□學生 □自由業 □服務業 □大眾傳播 □金融商業 □資訊業

□生產製造 □出版文教 □軍警公教 □其他________

■您所購買的書名：________________

■您如何購得此書？

□書店________縣(市)__________書店

□網路平台(書店)______________ □其他__________

■您對本書的評價（請填代號1.非常滿意 2.滿意 3.尚可 4.待改進）

□定價 □內容 □封面設計 □版面編排 □印刷 □整體評價

■對我們的建議：________________________

____

____

全佛文化事業有限公司
TEL:886-2-25081731 FAX:886-2-2508-1733
http://www.buddhall.com.tw

，爲利眾生入除障三摩地，鉤召惡趣之眾生入本有自證金剛法界宮。」

《瑜祇經》中亦說：「爲動一切有情本性，開顯鉤召彼愚童，令染愛諸妙法，成就本有法身故。又云，鉤者，不空王三昧，鉤召萬德今歸此尊勝，即王義也，四海悉朝宗王，是王鉤德也。」

⊙持鉤的本尊

金剛界曼荼羅四攝菩薩中之金剛鉤菩薩、外金剛部之金剛面天、胎藏界曼荼羅遍知院之大安樂不空真實菩薩、虛空藏院之不空鉤觀世音菩薩等皆以鉤爲持物。此外，金剛界曼荼羅三昧耶會之金剛王菩薩，其三昧耶形則是一對三股鉤並立。

而忿怒鉤觀自在菩薩（梵名 Amogha-krodhāṅkuśa-rāja），梵名音譯作阿目佉句路馱央句捨囉惹，爲位於現圖胎藏界曼荼羅虛空藏院之菩薩，又稱作忿怒鉤菩薩。密號持鉤金剛。

此尊尊形爲三面四臂，正面肉色，左面青色，右面綠色，各面皆具三目，面上有化佛。左第一手持蓮花，第二手持羂索，右第一手持鐵鉤，第二手作與願印

忿怒鉤觀自在

金剛鈎女菩薩

，結跏趺坐於赤蓮花上。

金剛界曼荼羅中的金剛鉤菩薩，亦爲持鉤。

金剛面天（梵名 Vajrānkusa），又稱爲金剛豬頭天、金剛豬面天或豬頭天。位列金剛界曼荼羅外金剛部北方之天部，其尊形爲豬頭人身，身赤黑色，右手執二鈷鉤，左手作拳當腰。

◉此類持物常見的諸尊

七俱胝佛母、金剛鉤女菩薩、金剛鉤女、摧碎佛頂、忿怒鉤觀自在菩薩、不空鉤觀自在菩薩、金剛虛空藏、寶光虛空藏、金剛面天、咕嚕咕咧佛母。

弓箭

弓箭，武器的一種。一般是用堅韌的木材作弓身，內附以角，外附以筋，用絲作弦，用來射箭。

⊙經典中的意涵

經典中常以箭來比喻射害一切眾生煩惱，一切厭離菩提之心，一切無法成佛之障礙，射中眾生最深層的無明，常見於懷愛本尊之持物。

⊙持弓箭的本尊

金剛界成身會中的金剛愛菩薩，即是大日如來從金剛愛大悲箭三摩地的智慧中，流出金剛箭光明所化現。其光遍照十方世界，射害一切眾生於無上菩提厭離心者，其尊形爲二手持弓箭，作欲射狀。

另金剛界理趣會中的欲金剛亦持弓箭。欲金剛菩薩（梵名 Istavajra），又稱作欲金剛、箭金剛、生金剛、金剛箭、眼箭。

根據《金剛頂瑜伽金剛薩埵五秘密修行念誦儀軌》中記載，欲金剛，名爲般若波羅蜜，能通達一切法而無滯無礙，猶如金剛能生諸佛。其持金剛弓、箭，射阿賴耶識中一切有漏種子，成大圓鏡智。亦即以大悲欲箭射眾生心中之貪欲，使能悟入般若理趣清淨。

其尊形爲身呈赤肉色，頭戴寶冠，著瓔珞，兩手持箭。

另有金剛衣天，尊形爲象頭人身，身白肉色，左手執弓，右手引箭。

⊙此類持物常見諸尊

降三世明王、千手觀音、微惹耶、弓宮、他化自在天、欲金剛、愛染明王、金剛愛菩薩、金剛衣天、咕嚕咕咧佛母、雪山五長壽女、羅睺星。

愛染明王

金剛愛菩薩

索

索，爲武器之一，其種類有羂索、龍索、青蓮索、輪索等，其中以羂索最爲常見。

羂索（梵名Pāśa）原爲戰鬥或狩獵的用具，在密教則作爲諸尊的持物。梵名音譯作播捨、波捨，又稱金剛索、綱、珠索、索。《慧琳音義》中說：「羂索者，鬥戰之處，或羂取人，或羂取馬腳。俗名爲搭索。捉生馬時，搭取馬頭名羂索。」

◎經典中的意涵

在密教行法之中，此索由五色線搓成，一端繫鐶，另一端附半獨鈷杵，或二端皆附半金剛杵。是爲了教化頑強眾生及降伏四魔的器具，象徵四攝方便，許多具大威力的諸尊，手中都持有羂索，如：不動明王、不空羂索觀音、千手觀音、金剛索菩薩、七俱胝佛母、光網菩薩等。

此外，羂索有結界守護之義，若將之繫於頸，相傳可滅罪得福。

◉持索的本尊

不動明王左手執羂索，右手持鋭劍，表示先以真淨菩提心中四攝之索，鉤召引入一切眾生而繫縛之。至於金剛索菩薩，則以右手持羂索，表示羂索一切眾生，使其脫離二乘實際三摩地智之淤泥，而安置於覺王之法界宮殿中。又，千手觀音持羂索之手稱為羂索手。

以下介紹不空羂索菩薩。此菩薩名號的由來，是因為其大悲羂索所成之網，能網卻眾生之煩惱，而其心願終不落空，故名為「不空羂索」。

不空羂索觀音（梵名 Amogha-pasa），又作不空羂索觀世音菩薩、不空王觀世音菩薩、不空廣大明王觀世音菩薩、不空悉地王觀世音菩薩、不空羂索菩薩。為六觀音之一，位於胎藏現圖曼荼羅觀音院。十方世界，今諸有情入於一切如尊形為身呈白肉色，三面四臂，其面各具三目，左手持開敷蓮華、羂索，右手執軍持瓶、數珠。另有一面、十一面、六臂、八臂、十八臂、三十二臂等異說。

◎此類持物常見的諸尊

七俱胝佛母、被葉衣觀音、不空羂索觀音、降三世明王、不動明王、光網菩薩、金剛索菩薩、方便波羅蜜菩薩、忿怒鉤觀自在菩薩、無垢所菩薩、蘇波呼菩薩、水天、大勝金剛。

不空羂索觀音

光網菩薩

槍

槍，古時長柄有尖頭的兵器。

⊙持槍的本尊

如來爍乞底菩薩即是持槍。

如來爍乞底（梵名 Tāthagataśakti），意譯爲槊（短槍）。又稱如來槊、如來槊菩薩。此菩薩主要彰顯如來保護眾生的各種方便之特德。爲現圖胎藏界曼荼羅釋迦院之菩薩。其尊形爲身呈肉色，右手向外執槍，左拳叉腰，跏趺坐於蓮花座上。

鳩摩利（梵名 Kaumārī），又作俱摩利天、俱摩羅天、驕摩利天。爲大自在天眷屬之一，七母女天之一。於密教胎藏界曼荼羅，位外金剛部院西方。其尊形爲身呈肉色，左手持槍，右手握拳。

◉此類持物常見諸尊

如來爍乞底菩薩、鳩摩利。

如來爍乞底菩薩

鳩摩利

杖

杖，爲兵器之一，《漢書》〈西域傳、烏弋山離國〉中說：「以金銀飾杖。」在佛教的持物中，常可見的是檀拏杖，即人頭杖。

⊙持杖的本尊

以下介紹持杖之本尊。

焰摩天（梵名 Yama），爲護世八方天之一，十二天之一、外部二十天之一，或是十方護法神王之一，守護南方。於密教中特將閻魔王稱爲焰摩天，列於天部，但其形像與閻魔王不同。

其尊形爲身赤黑色，右手執檀拏杖，杖端有半月，月上有人，左手握拳當腰。

太山府君（梵名 Citragupta），音譯爲質羅笈多，意譯作奉教官。又稱泰山府君。在中國以其爲冥府東嶽泰山之主司神，佛教則以其爲閻魔王之書記，記錄人間善惡諸業，或視爲冥界十王之一，稱作太山王。在密教此尊位列胎藏現圖曼荼羅外金剛部院南方，爲焰摩天的眷屬。

其尊形爲身呈肉色，右手執筆，左手持檀拏杖，杖端有圓環，環中現人面。

黑闇天女（梵名 Kalaratri），又稱爲黑夜天、黑暗天或暗夜天。屬焰摩七母天之一。爲閻摩王之后妃。據《大日經疏》卷十記載，因黑夜之中有諸多恐怖、過患，故此尊之本誓，在加護眾生，消除諸恐怖過患。

其尊形爲身呈肉色，右手仰掌、左手持杖，杖端爲圓環，內有人頭像。雙足交叉而坐，仰視焰摩天。

⊙此類持物常見諸尊

被葉衣觀音、質怛羅童子、不思議慧童子、婆藪大仙、火天、焰摩天、黑暗天女、太山府君、土曜、月天、風天妃、風天。

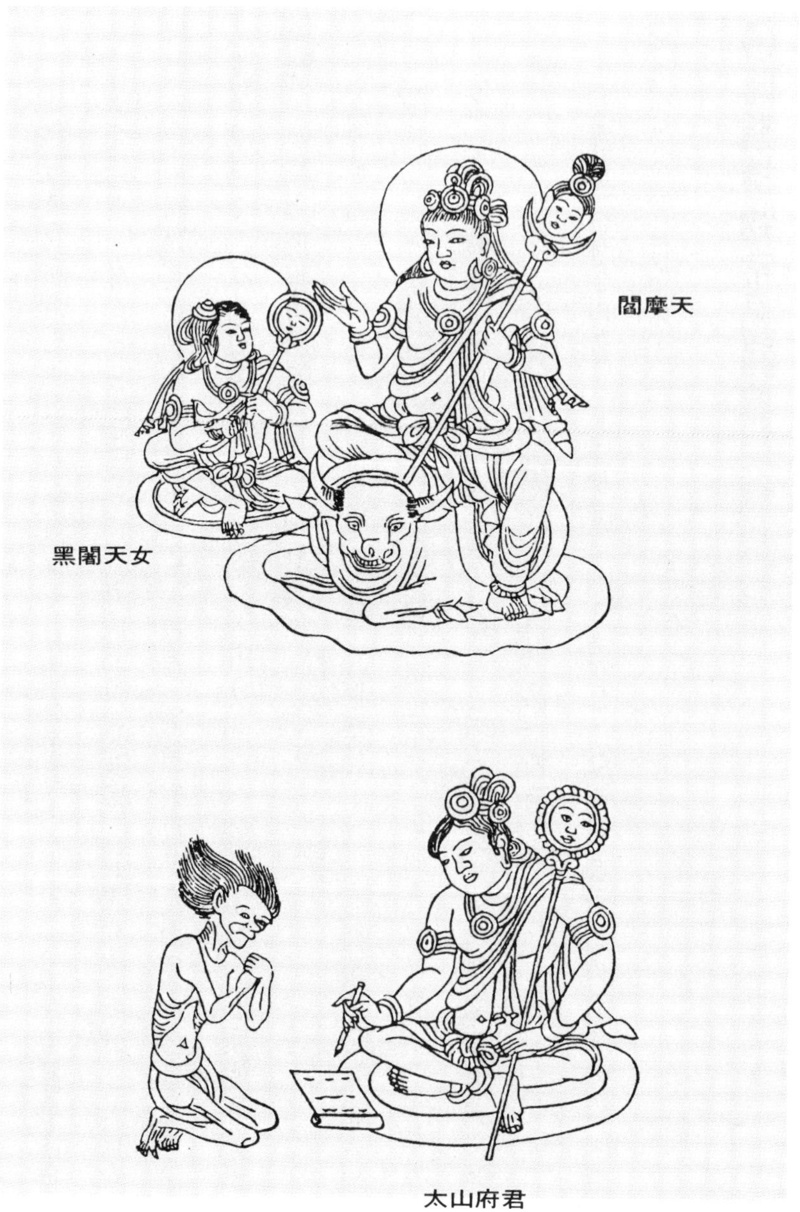

太山府君

金剛鎖

金剛鎖，即金剛鏁，係由金屬環相連而成的鏈條。

⊙持金剛鎖的本尊

金剛鏁菩薩（梵名Vajrasphoṭa），爲金剛界四攝菩薩之一，以利行守護一切眾生之智慧。

此尊爲毗盧遮那佛於內心證得堅固金剛鎖械三摩地的智慧，從堅固金剛鎖械三摩地的智慧中，流出金剛鎖械光明，遍照十方大千世界，令諸有情入於一切如來聖眾金剛界道場，以大悲誓願繫縛而安住，並摧破一切眾生外道種種邪見，安住無上菩提，不退失堅固無畏大城。爲了使一切菩薩受用三摩地智慧的緣故，化成金剛鎖械菩薩形，守護智慧戶。

金剛鏁菩薩能加持行者，證得諸佛堅固無染觀察大悲解脫。

其尊形爲赤肉色，左手握拳當腰，右手執鎖。

第四章 動植物及自然類持物

蓮華

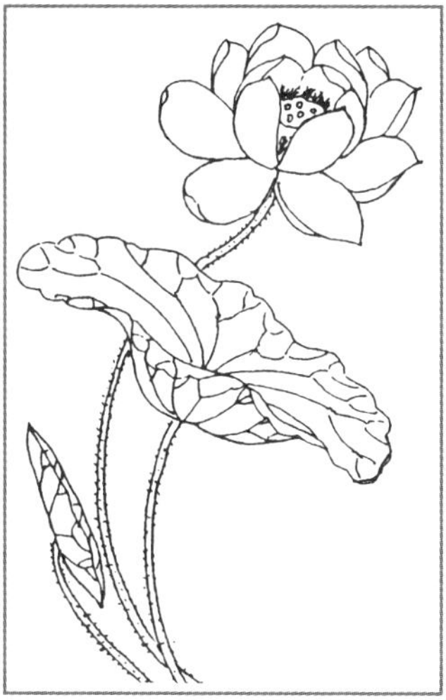

蓮，學名 Nelumbonucifera。通常於夏季開花，味香色美，生於污泥之中，而開潔淨之花。為生於沼澤之宿根草本植物。蓮花可以說是佛教中最常見到的植物。

印度古來即珍視此花。據印度史詩摩訶

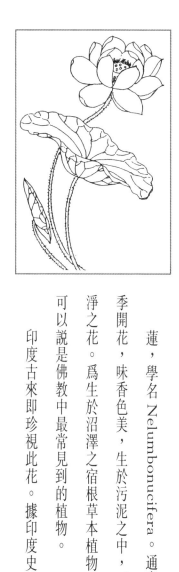

婆羅多（梵名 Mahābhārata）記載，傳說天地開闢之始，毗濕奴神（梵名 Viṣṇu）之臍中生出蓮華，華中有梵天，結跏趺坐，創造萬物；又毗濕奴及其配偶神皆以蓮華爲表徵。

在印度，稱蓮華者，可大別爲二種：

1.鉢頭摩華（梵名 padma），學名 Nymphaea alba，即蓮華。又作鉢曇摩華、鉢特摩華、般頭摩華、鉢弩摩華、波曇華、波慕華。意譯爲赤蓮華、赤蓮、紅蓮華、赤黃蓮華、黃蓮華。

2.優鉢羅華（梵名 utpala），即睡蓮。學名 Nymphaea tetragona。梵名又音譯作優鉢華、烏怛鉢羅華、優盋羅華。意譯爲青蓮華、黛華、紅蓮華。有青色、赤色、白色等。其中以青色者爲最著名，即尼羅烏鉢羅華（梵 nīlotpala），又作泥盧鉢羅華，譯爲青蓮華。在經典中，形容佛眼之微妙，即以其葉爲喻；口氣之香潔則以其花爲喻。也常以蓮花比喻菩薩慈悲柔和、晴朗澄澈，其眼妙如青蓮花。

另有分陀利華（梵名 puṇḍarīka），學名 Nelumbo nucifera。又作分陀利

迦華、分荼利迦華、奔荼利華、本拏哩迦華；譯爲白蓮華，又稱作百葉華、妙好華。亦爲白色睡蓮之一種。眾生不被煩惱污染之清淨無垢法性即喻爲分陀利華。《悲華經》及《妙法蓮華經》即以此華爲經題。

經中又常見有千葉蓮華，此乃指有千枚花瓣之蓮華，係供養佛陀所用，即爲佛所坐之華臺。

◉經典中的意涵

在《除蓋障菩薩所問經》卷九中說：蓮華出污泥而不染，妙香廣布，令見者喜悅、吉祥，故以蓮華比喻菩薩所修之十種善法。即：

1.離諸染污，謂菩薩修行，能以智慧觀察諸境，而不生貪愛，雖處五濁生死流中亦無所染，譬如蓮花之出污泥而不染。

2.不與惡俱，菩薩修行滅惡生善，爲守護身、口、意三業之清淨，而不與絲毫之惡共俱，譬如蓮花雖微之滴水而不停留。

3.戒香充滿，菩薩修行，堅持諸戒律而無犯，以此戒能滅身口之惡，猶如香能除糞穢之氣，譬如蓮花妙香廣布，遐邇皆聞。

4.本體清淨，菩薩雖處五濁之中，然因持戒，得使身心清淨無染著，譬如蓮花雖處污泥中，然其體自然潔淨而無染。

5.面相熙怡，菩薩心常禪悅，諸相圓滿，使見者心生歡喜，譬如蓮花開時，令諸見者心生喜悅。

6.柔軟不澀，菩薩修慈善之行，然於諸法亦無所滯礙，故體常清淨，柔軟細妙而不粗澀，譬如蓮花體性柔軟潤澤。

7.見者皆吉，菩薩善行成就，形相莊嚴美妙，見者皆獲吉祥，譬如蓮花芬馥美妙，見者及夢見者皆吉祥。

8.開敷具足，菩薩修行功成，智慧福德莊嚴具足，譬如蓮花開敷，花果具足。

9.成熟清淨，菩薩妙果圓熟而慧光發現，能使一切見聞者 皆得六根清淨，譬如蓮花成熟，若眼睹其色，鼻聞其香，則諸根亦得清淨。

10.生已有想，菩薩初生時，諸天人皆悅樂護持，以其必能修習善行，證菩提果，譬如蓮花初生時，雖未見花，然諸眾人皆生已有蓮花之想。

經中又以蓮花比喻爲人的心臟（梵名hṛd），音譯「汗栗馱」，意爲肉團心，其狀如蓮花含而未敷，上有筋脈，約成八分，因此喻眾生未敷之心蓮。此外，《華嚴經》、《梵網經》等有蓮華藏世界之說。於密教有以八葉蓮華爲胎藏界曼荼羅之中臺。

而以蓮華爲持物或三昧耶形的諸尊中，又以蓮華的開合狀況不同，而有不同的寓意：

1.未開敷蓮華（含苞的蓮華）：喻眾生的含藏菩提心。

2.初割蓮華：蓮華初開時，喻眾生初發起菩提心，表其必能修習善行，證菩提果。

3.開敷蓮華：蓮華開敷，花果具足，亦表證悟果德，智慧福德莊嚴具足。

在〈白衣觀音法〉中並說，赤蓮花是可愛色，爲敬愛法之物。白蓮花表淨菩提心。〈多羅尊法〉中則說青蓮花是清淨無垢義。

◉持蓮花的本尊

以蓮花爲持物的諸尊中，當以觀音部眾爲代表，觀音院又稱爲蓮花部院，表其大悲開敷眾生心蓮。

在《白寶口抄》〈聖觀音法〉中說：「本尊所持未敷蓮花是也。以所持物爲三形也，初割者未敷蓮花，少割初形也，論凡夫心如合蓮花，聖人心似開蓮花，此凡心未敷，故在纏義也。今以觀音大悲行願，加持眾生本性心蓮，初漸開敷形也。開敷出纏佛心義故，阿彌陀以開敷蓮花爲三形，觀音初割蓮花爲三形。」文中說明觀音菩薩以初割未敷之蓮華爲持物，表示以大悲行願，開啟眾生自性清淨心蓮。其中並說眾生心如未開蓮花，表示在煩惱纏縛中，而聖者心如開敷蓮花，表圓滿義，但二者清淨無染之體性平等無二。

文中又說：「如世蓮花生淤泥之中，生處雖惡，而蓮花體性清淨，妙色無比，不爲諸垢所染。凡夫亦復如是，雖種種不淨、三毒過患無量無邊，亦此蓮花三昧甚深，果實皆生其中，即是如來平等大慧之光也。」

《理趣經》中亦說：「觀自在菩薩手持蓮花，觀一切有情身中如來藏性自性清淨光明，一切惑染所不能染，由觀自在菩薩加持，得離垢清淨，等同聖者。」

此外，《無量壽軌》中並教菩薩當作如是思惟：「一切有情身中，具有此覺悟蓮花清淨法界，不染煩惱。」

而大勢至菩薩亦手持未敷之蓮花。在《白寶口抄》〈大勢至法〉中說：「未敷蓮花者，疏五云：得大勢尊持未敷蓮花者，如毗盧遮那實智花臺，既成果已復持如是種子，普散一切眾生心水中，更生未敷蓮花。此尊亦同是處，亦能普護一切眾生潛萌之善，使不敗傷，念念增長，即是蓮花部持明王也。」

這是說大勢至菩薩以種子普散一切眾生心水中，使其長出心蓮，普遍覆護一切眾生潛在萌發之善念，使其不敗傷，而且能念念增長。

◉此類持物常見諸尊

七俱胝佛母、聖觀音、如意輪觀音、大吉祥大明菩薩、大吉祥明菩薩、豐財菩薩、白處尊菩薩、多羅菩薩、勝佛頂、如來笑菩薩、光網菩薩、妙音菩薩、日天、馬頭明王、光音天、持鬘天。

聖觀音

多羅菩薩

大勢至菩薩

華

華（梵名 puṣpa），梵名音譯作補逝波。指植物的花，用以供奉佛菩薩。

而經典中也常看見各種寶華從天而降，此寶華即是指以各種至妙珍寶所成之妙花。若寶華叢集無數，則稱爲寶華聚。

在《法華經》〈譬喩品〉中說：「若欲行時，寶華承足。」同經〈見寶塔品〉中則說：「以天寶華聚，聚多寶佛及釋迦牟尼佛上。」

在密教中，花也是修法時的重要供品之一，依修法之不同，則用不同種類的花。

⊙經典中的意涵

華象徵各種美好的意義，《大日經疏》卷八中說：「所謂花者，是從慈悲生義，即此淨心種子，於大悲胎藏中萬行開敷，莊嚴佛菩提樹，故說爲花。」

《華嚴經探玄記》卷一中說華有十種意義：

1. 微妙義，代表佛陀行德離於粗惡之相。
2. 開敷義，表德行開敷榮茂，自性開覺之故。
3. 端正義，表行持圓滿，德相具足之故。
4. 芬馥義，表妙德之香普熏，利益自他之故。
5. 適悅義，表殊勝妙德，喜樂歡喜無厭足故。
6. 巧成義，表所修眾德之相善巧成就之故。
7. 光淨義，表斷除諸障極清淨之故。
8. 莊飾義，表了悟因地莊嚴本性之故。
9. 引果義，表出生之因，生起佛果之故。

10.不染義，表處世隨順眾生，而不染如蓮華故。

◉持華的本尊

持華的本尊以天女居多，以下介紹伎藝天和功德天。

伎藝天又稱大自在天女、摩醯首羅頂生天女，爲密教的護法神。相傳是自摩醯首羅天王（大自在天王）髮際所化生的天女。對於眾生希求豐饒、吉祥、富樂的願望，都能一一賜予滿足。如果有眾生向她祈求一切事業技能等伎藝，也可以迅速得到成就。

此天女的顏色容貌端正，伎藝第一。其形像爲身著天衣，以瓔珞莊嚴自身，兩手腕上各有鐶釧，左手向上捧天花，右手向下作捻裙狀。

在《白寶口抄》〈伎藝天法〉中說：「天花者，非人間之花，是天上花也。（中略）天花是敬愛義也，寶珠增益也，亦通四種法也，故祕說也。」

而胎藏界虛空藏院的功德天也是手持盛花。

功德天（梵名Śrīdevī），爲施福德之女神。又稱吉祥天、摩訶室利、室唎天女、吉祥天女、吉祥功德天、寶藏天女、第一威德成就眾事大功德天等。

其尊形為身白肉色，現天女形，手持盛花，立於千手千眼觀自在菩薩前右方。

⊙此類持物常見諸尊

蓮華部使者、如來喜菩薩（持盛花之荷葉）、功德天、伎藝天、那羅延天妃、白度母（烏巴拉花）、金剛花菩薩。

功德天

白度母

華鬘

華鬘（梵名 suma-nālā），是指華串成之鬘。即以絲綴花，或結之，作爲頸上、身上的裝飾。

在《玄應音義》卷一中說：「頂言俱蘇摩，此譯云華；摩羅，此譯云鬘。（中略）案西國結鬘師多用蘇摩那華，行列結之，以爲條貫，無問男女貴賤，皆此莊嚴，或首或身，以爲飾好。則諸經中有華鬘、天鬘、寶鬘等，同其事也。」作華鬘時多用鮮花，所用的種類並不一定，主要是選擇有香味者。

⊙持華鬘的本尊

經典中常以花鬘之串起，來象徵諸法要之清淨美好。

金剛鬘菩薩（梵名 Vajramālā），爲金剛界內四供養菩薩之一。

此尊爲毗盧遮那佛於內心證得金剛花鬘菩提分法三摩地的智慧，從金剛花鬘菩提分法三摩地的智慧中，流出金剛花鬘光明，遍照十方世界，供養一切如來，除去一切眾生醜陋之形，獲得三十二相八十種隨形好之身。爲了使一切菩薩受用三摩地智慧的緣故，化成金剛花鬘天女形菩薩。

金剛鬘菩薩能加持行者證得三十七菩提分法花鬘，以爲莊嚴。

其密號爲妙嚴金剛，代表華鬘莊嚴之意，其尊形爲身呈黃色，現天女形，兩手持華鬘。

⊙此類持物常見的諸尊

金剛鬘菩薩、金剛食天。

楊枝

楊枝，有譯爲楊柳之枝，或是指刷牙用的齒木。

楊枝（梵名 danta-kāṣṭha），又稱作齒木，梵名音譯憚哆家瑟託、禪多抳瑟插，又作楊支。指用來磨齒刮舌以除去口中污物之木片。

在印度、西域諸國風俗，宴請客人，多贈以楊枝及香水，祝其健康，以表懇請之意。故請佛菩薩亦用楊枝淨水，如觀音懺法中，即有「我今具楊枝淨水，惟願大悲哀憐攝受之。」《五分律》卷二十六中記載：「嚼楊枝有五功德，消德、除冷熱涎唾、善能別味、口不臭、眼明。」

⊙持楊枝的本尊

以楊柳枝爲持物的本尊中，最著名的就是楊柳觀音。

楊柳觀音，又稱爲藥王觀音，以觀音菩薩爲了利益眾生，乃隨順眾生的願望而示現，就如同楊柳隨風飄蕩而不違逆一樣，因此而得名。

此尊右手持楊柳枝是其特徵，拔濟人人疾病是其本誓。因此經典中有：「若欲消除身上眾病，應當修習楊柳枝藥法。此藥王觀自在像相好莊嚴，右手執楊柳枝，左手當左乳上合掌。」被視爲千手觀音中的楊柳手所化現。若有修楊柳枝藥法者，亦可消除種種病難。爲三十三觀音之一。

此尊形像自古多爲佛畫畫題，世間流行的觀音菩薩像爲右手執楊柳枝，或插柳枝於座位右側瓶中，端坐水邊岩石上。

白衣觀音

吉祥果

吉祥果即石榴。爲鬼子母神右掌中所持之果物。以此果可破除魔障，故稱吉祥果，又名「子滿果」、「頗羅果」。

⊙經典中的意涵

吉祥果又稱鬼怖木，乃與息災相應之物；其花少果多，表示「因行」少而得大果之意。此外，亦有說吉祥果即俱緣果者。

而在《白寶口抄》〈持世法〉中並說：「頗羅果」爲大石榴，以石榴種子充滿其中，又其形體似寶珠，故表增益之意。

〈訶利帝母法〉中也說：「吉祥果柘榴，又名子滿果，是財福圓滿義也，故就增益修之也。」

⊙持吉祥果的本尊

以吉祥果為持物，其中最著名的是葉衣觀音、孔雀明王及訶利帝母。

訶利帝母（梵名 Hāritī），梵名音譯作訶利帝，意譯又作歡喜母、鬼子母、愛子母，為一藥叉女。

依據《根本說一切有部毗奈耶雜事》卷三十一記載，鬼子母神有五百子，常噉食王舍城中幼兒，後為佛所度化，從此便依佛陀的教敕，不但不再危害世人，並擁護三寶及護守護幼兒。訶利帝母法主要為祈求生產平安之修法，此外尚能除一切災難恐怖，令獲安樂，滿一切願。

此尊常見之造型為左手懷抱愛子，右手持吉祥果，姿態端麗豐盈。在日本，由於密教盛行，常為祈求安產而奉祀訶利帝母像，因此訶梨帝母法頗為流行，其所祀形像多為天女像。

葉衣觀音之持物中亦有吉祥果。在《白寶口抄》〈葉衣法〉中說：「吉祥果者，諸師異義不同也，今師資相承云：柘榴也，其形圓表寶珠之體，是施願圓滿義也，又數子滿內，是大慈覆護眾生義也，故此三形息災增益之兩義也。或柘榴云鬼怖木，是有降伏之義歟。或云柘榴者增益義也。」

◎此類持物常見的諸尊

七俱胝佛母、葉衣觀音、孔雀明王、訶利帝母。

訶帝利母

葉衣觀音

樹枝

在植物類的持物中，亦有持樹枝者。關於此樹枝是否指特定的樹，在《白寶口抄》〈滅惡趣法〉中說：「樹枝者，阿說他樹枝也，即小野厚雙紙偈云：『阿說他樹』。此云『無罪樹』，謂迴三匝能消滅云無罪樹。謂迴三匝能消滅罪障，是『菩提樹』也，又『畢鉢羅樹』云。此云『榕樹』，又云樹枝歟，打破地獄具足歟，是則以樹枝打破地獄，扶受苦眾生文故，以字爲種子，以樹枝爲三形也。」

樹枝所代表的意義，是以其打破地獄，撫慰受苦眾生。

⊙持樹枝的本尊

胎藏界觀音院的耶輸陀羅菩薩，即以樹枝爲持物。

耶輸陀羅菩薩（梵名 Yaśodharā），又作耶輸多羅、耶惟壇，意譯作持譽、持稱、華色，是釋迦牟尼佛未出家前悉達太子之王妃，羅睺羅之生母。耶輸陀羅相好端嚴，姝妙第一，具足德性美貌。她在釋尊成道五年後，與釋尊之姨母摩訶波闍波提等五百名釋迦族女，亦剃染受具足戒爲比丘尼。

其於胎藏界曼荼羅之尊形爲身呈黃金色，呈天女像，頭戴金線冠，右手結與願印，左手持一樹枝。

⊙此類持物常見的諸尊

耶輸陀羅菩薩、除一切憂冥菩薩、摩利支天。

耶輸陀羅菩薩

除一切憂冥菩薩

藥樹

藥樹，指能醫治眾生疾病的樹。在《勝天王般若波羅蜜經》卷三中說：「爲諸眾生而作依止，治諸疾病如藥樹王。」經中記載有藥王樹，即指一切藥草藥樹中最勝者。如果有人立於樹前，則五臟六腑悉見分明。

藥王菩薩即以藥樹爲持物。

藥王菩薩（梵名 Bhaiṣajya-rāja），梵名音譯作鞞逝捨羅惹。

據《法華經》中記載，藥王菩薩是燃燒自身以供養諸佛的大菩薩；也是施與良藥給眾生，以除治眾生身心病苦的大士。此菩薩，能予眾生無上妙藥，療治一切身病、心病，滅除無量生死重罪、不遭橫死，使眾生究竟圓滿成佛。

依《法華曼荼羅威儀形色法經》所載，此菩薩的形像是：頂上有妙寶冠，紺髮垂耳側，身相朝日色，左拳著膝，右惠雲上日，跏趺而坐右足押在左足上，大悲救世之相，身上裝飾著妙好花鬘、天衣及瓔珞，手臂有環釧，細錦繫在腰上，赤綾作爲妙裳，身相殊妙莊嚴，身光遍暉曜，以寶蓮爲座，安住於月輪海中，另有說其右手屈臂，置胸前，以拇指、中指、無名指執持藥樹。

藥王菩薩之三昧耶形爲阿迦陀藥，或爲蓮花。

藥王菩薩

果實、稻穗

在佛教的持物中，持果實、禾穗等，是代表五穀豐盈之意。

如千手觀音中的「蒲桃手」，即手持蒲桃，經中並說：「若爲果蓏諸穀稼者，當於蒲桃手。」

藏密的財源天母爲財寶本尊之一，爲五路財神之明妃，其尊形身金黃色，右手施願印，左手持果穗或布施印。

雪山五長壽女中北方的女神施仁天母，是以稻穗爲持物。

雪山五長壽女中的施仁天母，爲執掌牲畜和穀物的女神，其尊形右手持稻穗上揚，象徵護佑眾生五穀豐收、牲畜興旺的象徵。

而藏密財神中的黃色財續母，亦持盛滿稻穗及財寶的寶瓶。

◉此類持物常見的諸尊

檀波羅蜜菩薩、千手觀音、財源天母、施仁天母、黃色財續母。

財源天母

施仁天母

蘿蔔

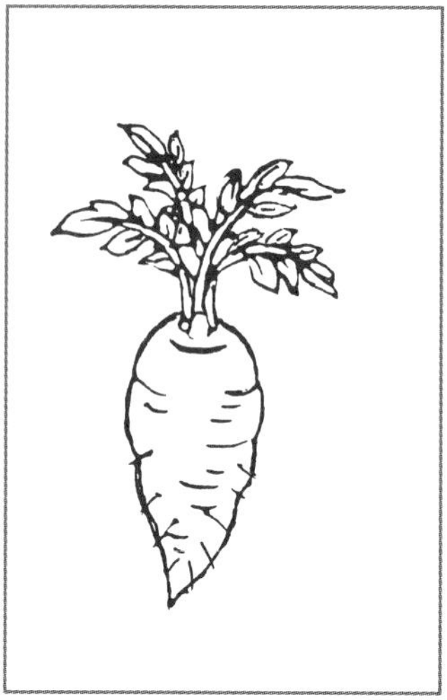

在植物類的持物中，蘿蔔並不常見，持蘿蔔之本尊，以毗那夜迦爲代表。

⊙持蘿蔔的本尊

毗那夜迦（梵名Vināyaka），即歡喜天，全名大聖歡喜自在天，又作歡喜自在天、難提自在天，簡稱爲聖天、天尊。原爲印度濕婆神之別稱，在佛教則稱俄那鉢底（Ganapati）爲歡喜天，其爲濕婆與婆羅和底之子。

「俄那鉢底」意譯爲軍隊，意即大自天眷屬之將。因與其兄塞犍陀共同統轄其父大自在天之眷屬而得名。而「俄那鉢底」又有障礙他之事業或排除諸種障礙之力故，所以又名毗那夜迦，乃障礙或排除之義。

其於胎藏界曼荼羅中的尊形爲身呈白肉色，人身象頭，右手持鉤戟荷肩上。其它多種形像中，亦常見其手持蘿蔔，據說這是因爲其有一次中毒，以蘿蔔解毒之故。

獅

獅（梵語 siṃha），獅為百獸之王，故諸經論中每以獅比喻如來無畏之特德。如佛之座席稱為獅子座，佛之說法稱獅子吼。如來之說法能滅一切戲論，於一切外道邪見無所畏懼，如獅子王咆吼，百獸皆懾伏，故以獅王喻之。

◉經典中的意涵

在《白寶口抄》〈八字文殊法〉中說：「師子首者，表勇健菩提義也，又師子能噉一切獸，如無遺也，文殊以大空智，能斷盡一切戲論若議也。」這是說師子象徵勇健菩提心，也象徵智慧，能噉盡一切煩惱無遺。

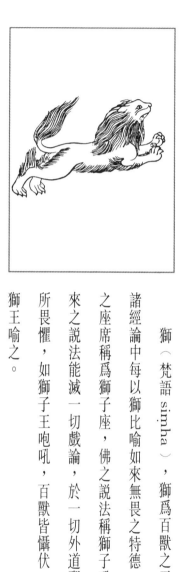

經中亦常以獅子吼來比喻以無畏音說法，如獅子之咆吼。獅子為百獸之王，佛亦為人中之至尊，稱為人中獅子，故用此譬喻。又當佛說法時，菩薩起勇猛心求菩提，因而外道、惡魔生怖畏；猶如獅子吼時，小獅子亦增威，百獸怖伏。

⊙持獅的本尊

胎藏界虛空藏院的力波羅蜜菩薩，即以獅為持物。

力波羅蜜菩薩（梵名 Bala-pāramitā），音譯縛攞波羅蜜多，即是具力到達彼岸之意，為十波羅蜜菩薩之一。

修學此菩薩真言，能滅除下劣心意業種，並獲得思惟抉擇力與修習力。調伏一切煩惱，斷除一切惑業，於修道時得決定勝解，一切天魔邪惡之友不能改變其志向，並獲得不退轉之聖果。

其尊形身呈肉色，穿羯磨衣，右肘伸展直豎，手握荷葉，葉上有一獅子。左手握拳插腰，面向右，視荷葉上獅子。兩足右內左外相交，坐於赤蓮上。

力波羅蜜菩薩

象

象爲經典中常見的動物之一，尤其是香象，經常被用以比喻菩薩具足大力。

香象（梵語 gandha-hastin 或 gandha-gaja）。係指由鬢角可分泌有香氣液體之強碩大象而言，即指交配期之大象。據大毗婆沙論卷三十等載，此時期之象，其力特強，性甚狂暴，難以制伏，合十凡象之力僅可抵一香象之力。

◉經典中的意涵

經論中常以香象渡河，代表徹底截流；譬喻聽聞教法，所證甚深。諸經論每以兔、馬、香象三獸之渡河，譬喻聽聞教法所證深淺之別，即：兔渡河則浮於水上，馬渡則及半，香象之渡河則徹底截流。

⊙持象的本尊

香象菩薩手持之物即爲香象。

香象菩薩（梵名 Candhahastin），音譯爲乾陀訶提菩薩、健陀訶娑底菩薩；又作香惠菩薩、赤色菩薩、不可息菩薩。爲賢劫千佛之一。香爲遍滿無礙之義；象表行足大力之義，香象二字，即表示諸行果地圓滿。

在《諸尊便覽》中記載，此香象菩薩身白綠色，左手作拳，右手舉香象。在《金剛界七集》中則說，兩手持鉢，而《淨諸惡趣經》中說，身白綠色，光焰熾盛，右手舉香象，左手安於腰側。

除此之外，勝樂金剛手亦持象，大黑天亦披象皮。

⊙此類持物常見的諸尊

香象菩薩、大黑天（披象皮）、勝樂金剛、馬頭明王。

摩竭魚

摩竭魚（梵名 Makara），又作摩伽羅魚、麼迦羅魚。意譯爲大體魚、鯨魚、巨鼇。爲經論中多處記載之大魚。被視爲與鯨、鯊魚、海遯等同類。

印度神話中，以之爲水神（梵名 Varuṇa）之坐騎，愛神（梵名 Kāmadeva）所執

之旗上亦附有摩竭魚圖，又爲十二宮之一，稱摩竭宮。其頭部與前肢似羚羊，身體與尾部則呈魚形。在《慧琳音義》卷下中說：「其雙眼如目，張口則如洞谷吞南舟，凡出流如潮，若欲飲水自壑高下如山，大者長二百里。」

又〈觀自在菩薩阿麼𪘏法〉中說此魚爲阿麼提觀音之持物。

阿麼提觀音的形像爲三目四臂，乘白獅子座，面向左方，頭上戴寶冠，以白

阿麼提觀音

愛金剛菩薩

蓮花爲嚴飾，前二手執持鳳頭箜篌，左上手手掌托摩竭魚，右上手持白色吉祥鳥，左足彎曲於獅子的頂上，右足垂下，嚴以天衣瓔珞，通身發出光焰，面貌慈悲。

金剛界曼荼羅中的愛金剛菩薩，則持摩竭魚幢。

愛金剛菩薩（梵名 Rāgavajra），又稱愛縛金剛、愛樂金剛、悲愍金剛，爲金剛界曼荼羅理趣會十七尊之一。此尊以悲愍之故，以愛念繩普縛眾生，至菩提終不放捨；猶如摩竭大魚吞食所遇之物，一經入口已，更無倖免者，所以持此摩竭魚幢，彰顯其愛縛捨離俱幻平等之智身。

其於金剛界理趣會中之尊形爲身呈青色，兩手持摩竭幢，豎於左側。

在胎藏界外金剛部院南方，亦有摩竭宮，其尊形即現大魚形。

◎此類持物常見的諸尊

阿麼提觀音、愛金剛菩薩。

孔雀尾

孔雀能噉食一切毒蟲，故常用來象徵本尊能噉盡眾生一切五毒煩惱。

◉經典中的意涵

在《白寶口抄》卷百五十三中說：襄麌梨童女手持三、五莖孔雀尾則是除災的表徵……孔雀尾者，又象徵西方無量壽佛所座，此鳥以食毒蟲維持命，阿彌陀佛亦如是斷除眾生所造惡毒之罪，令其成證常住不壞之壽命，故以孔雀爲座。三莖之孔雀尾，表徵拂三毒使其證三部如來；五莖者之孔雀尾，表拂去五識煩惱，令其得證如來五智圓覺之果。

⊙此類持物常見諸尊

持孔雀尾的本尊中，最著名的即是孔雀明王。其身上、頭冠，瓔珞莊嚴，乘在金色孔雀王之上，並結跏趺坐，坐在白蓮華或青蓮華之上。相貌慈悲，一般具有四臂，右邊的第一手持著開敷的蓮華，代表著敬愛；右第二手持著俱緣果，代表著調伏；右邊的第一手當心持著吉祥果，代表增益，左第二手持著孔雀尾代表息災。

孔雀以噉食一切毒蟲來維持性命，代表孔雀明王斷盡一切煩惱惡毒，尾則能拂去無量災禍，招致諸吉祥。

孔雀明王

蘘麌梨童女

龍

龍（梵語 nāga），音譯那伽、曩誐，爲八部眾之一。一般說龍是住於水中之蛇形鬼類，具有呼雲喚雨之神力，亦爲守護佛法之。經典中常可見有關於龍的故事。

關於龍的種類，《翻譯名義集》卷二中說：龍有四種，一、守護天宮殿，護持使其

不落下；二、興雲降雨，利益人間；三、地龍，決江開瀆；四、伏藏，守護轉輪王大福人間寶藏。其中並提到投生於龍族中的因緣有四種：1.多布施，2.瞋恚，3.輕慢他人，4.自貢高。

⦿持龍的本尊

持龍的本尊，最常見的是迦樓羅。

迦樓羅（梵名 garuḍa），漢譯有迦留羅、伽樓羅、迦婁羅、金翅鳥（梵名 suparṇa，蘇鉢剌尼）、妙翅鳥、食吐悲苦聲等名。是印度神話中之一種性格猛烈的大鳥，傳爲毗濕奴天的乘騎。在佛教裏，則是天龍八部眾之一。

依佛典所載，迦樓羅的翅膀是由眾寶交織而成，所以又稱金翅鳥或妙翅鳥。這種鳥的軀體極大，兩翅一張開，有數千餘里，甚至於數百萬里之大。

由於迦樓羅性格勇猛，因此密宗乃以之象徵勇健菩提心，或視之爲梵天、毗紐天、大自在天或文殊菩薩的化身。而在胎藏界曼荼羅中，此位列於外金剛部院。並且有以這種鳥爲本尊的各種修法。以迦樓羅爲本尊，爲除病、止風雨、避惡雷而修的祕法，謂之「迦樓羅法」，或稱「迦樓羅大法」。

迦樓羅之形像有多種，印度山琦遺蹟中之迦樓羅僅爲單純之鳥形，然傳於後世之形像則大多爲頭翼爪嘴如鷲，身體及四肢如人類，面白翼赤，身體金色。

由於其以龍為食物，所以在許多造型中多有持龍之像。

◎此類持物常見諸尊

迦樓羅、娑伽羅龍王。

迦樓羅

蛇

在持物中，蛇亦爲常見的動物之一。

⦿持蛇的本尊

蘘虞梨童女，其持物即爲各種毒蛇、毒蟲。蘘麌梨童女（梵名Jaṅguli），又作常求利、常瞿梨、常瞿利、襄麌哩曳、穰麌梨、襄俱梨。爲觀自在菩薩之化身，住香醉山，飲毒漿，食毒果，以銷伏諸種毒害爲其本誓。

在《觀自在菩薩化身蘘麌哩曳童女銷伏毒害陀羅尼經》說此童女百福相好，

深沙大將

大元帥明王

莊嚴其身。鹿皮為衣，以諸毒蛇而為瓔珞，毒蟲、虎狼、獅子前後圍遶，常為伴侶。飲毒果漿、食毒草果。」

此童女有真言，能除世間一切諸毒，若人聞此咒及念其名者，不被一切諸毒所害，更能噉食眾生心中一切五毒煩惱，能給予眾生究竟的菩提利益。

據經典所敍述，此蘘麌梨童女持誦陀羅尼咒時，有大威勢力，其雪山中有五千毒惡龍蛇，聞此咒聲，皆悉悶絕。一時頭破，鱗甲四散，毒蛇牙落，頭皮星散，破裂血流，悉皆自縛，不能動止。幸賴世尊宣說心咒才得蘇息。

關於此尊身形，據相關經軌所載：「欲作法除毒之時，觀想自身為穰麌梨童女，身綠色，狀如龍女。具足七頭，項有圓光。應想四臂：右第一手持三戟叉，第二手執三、五莖孔雀尾；左第一手把一黑蛇，第二手施無畏。又想七寶瓔珞、耳璫、臂腳釧莊嚴其身，並以諸蛇用為瓔珞。想從一一毛孔，流出火焰。」

⊙此類持物常見的本尊

蘘麌梨童女、大元帥明王、金剛童子。

兔

兔亦爲諸尊持物之一。

在釋迦牟尼佛的本生故事中，曾爲兔王，於旱災時，爲了佛法能久住於世，而自投身入火中，供養仙人。仙人因而悲傷地發願自此以後不忍食肉。

在《長阿含經》卷二十二中記載，月天子住於月宮殿，壽命五百歲。或有說月曜即是月天子。月曜（梵名Soma），即太陰，爲九曜之一。其尊形身呈肉色，右手持半月，上有玉兔，左手握拳當胸。

吐寶鼠

吐寶鼠是一種神奇的寶獸，能吐出眾寶物，許多著名的財神本尊，如毗沙門天王、黃財神等五財神，皆手持吐寶鼠。

黃財神爲五姓財神之一。主司財富，能使一切眾生脫於貧困，財源廣進。

黃財神藏名爲：藏巴拉·些玻。當初釋迦牟尼佛於靈鷲山宣說大般若經時，諸魔鬼神等皆前來障礙，令高山崩塌，大眾驚惶，此時黃財神就現身庇護，後來世尊咐囑黃財神，當於未來世助益一切貧苦眾生，爲大護法。

本尊形相肚大身小，雙手有力，膚色金黃。右手持摩尼寶珠，左手輕抓口吐珠寶的吐寶鼠。頭戴五佛寶冠，身著天衣，藍色蓮花及珠寶瓔珞作嚴飾。胸前掛烏巴拉念珠，以如意坐左腳曲，右腳輕踩海螺寶，安坐於蓮華月輪上。

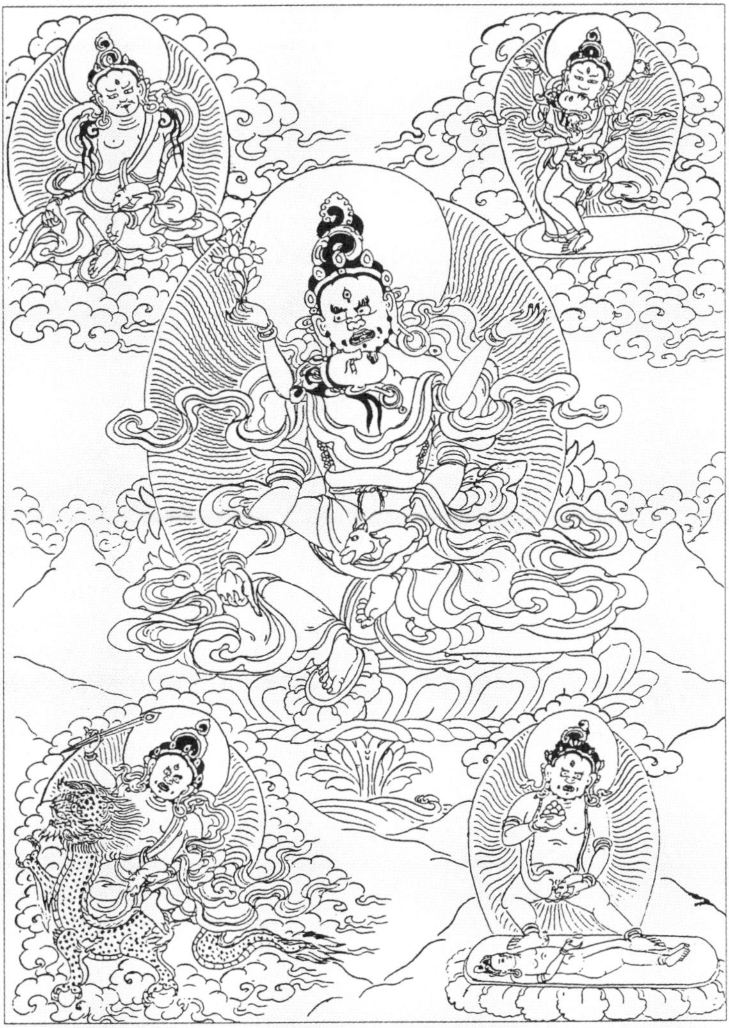

五姓財神

日

日，即太陽，象徵光明，照耀之意。毗盧遮那佛又名大日如來，即是以日之特德來彰顯佛德。

⊙經典中的意涵

《大日經疏》卷一中說，日有三種意義：

1.除暗遍明義：太陽出現後，能除去眾暗，遍照光明，而如來的智光，亦能遍一切處作廣大照明。

2.眾務成辦義：太陽行於人間，一切的花卉草木各得增長，而世間的眾務也因此而得成；如來的智光遍照法界，能開發眾生的善根，乃至世間、出世間的事業都能由此而成辦。

3.光無生滅義：如果有重陰昏蔽，而使日輪隱沒，這並非太陽壞滅，等到猛風吹走陰雲，使日光顯照，也並非太陽才開始生出。佛心之日也是如此，雖然爲無明重雲所覆障，但是卻無所減，在究竟實相的圓明無際時，也無所增。

⊙持日輪的本尊

日光菩薩、金剛光菩薩、日天、日曜等，皆是以日輪爲持物者。以下例舉介紹之：

金剛光菩薩（梵名 Vajrateja），爲南方寶生如來四親近菩薩之一，象徵一切如來廣大威德照耀而出生此菩薩，亦爲金剛界十六菩薩之一。

此尊菩薩爲毗盧遮那佛於內心證得金剛威光三摩地的智慧，從金剛威光三摩地智慧中，流出金剛日光明，遍照十方世界，破一切眾生無明愚暗，發大智慧光明。爲了使一切菩薩受用三摩地智慧的緣故，化成金剛威光菩薩。

日光菩薩

金剛光菩薩能加持行者證得智慧光明，宛如日輪，無不照曜。

此尊於金剛界成身會中之尊形爲身呈肉色，左手握拳置腿上，右手持日輪。

日天（梵名Āditya），梵名音譯爲阿泥底耶。又稱作日神、日天子。在印度，將創造力神格化，稱爲日天，後爲太陽神（梵Sūrya）的異稱。傳入密教後成爲十二天之一。是大日如來爲了利益眾生，住於佛日三昧，隨緣出現於世，破諸暗時，菩提心自然開顯，猶如大日普照眾生，故稱爲日天。

於金剛界曼荼羅之尊形爲身呈白肉色，右手胸前仰掌，上有日輪，左手於腰作拳。

日曜（梵名Sūrya），爲七曜之一，代表清淨的菩提心，於胎藏界曼荼羅外金剛部院之尊形爲身呈肉色，右手持日輪，左手置腰，著天衣，以三白馬乘爲座。

⊙此類持物常見諸尊

日光菩薩、千手觀音、金剛光菩薩、日曜、日天。

月

月，即月亮，在佛教中常以月來代表眾生本具之淨菩提心月，禪宗以指月使眾生啟悟自性，密宗亦有以月輪的觀法爲重要的修法。

⊙在經典中的意涵

月輪，在經典中有許多不同的讚頌。在東密中也有所謂的月輪十德：

1.圓滿：如月之圓滿一般，自心也是圓滿無缺。自心具備萬德、種智圓滿，見是月圓而觀心之圓滿本體，福慧圓滿即佛性。

2.潔白：如月之潔白一般，自心也是潔白無染。永離惡法而常興善法，見白色之月應觀心之潔白本質。自性潔白即性德之本源。

3.清淨：如月之清淨一般，自性也是清淨無垢。自性清淨，無貪無染，見月之清明觀心清淨，本來清淨無染，即是清淨佛性。

4.清涼：如月之清涼一般，自心也是離熱惱的。灑慈悲水滅瞋恚火，觸清涼月光令心中慈水澄澈，剎那間消滅無量瞋恚火焰。

5.明照：如月之明照一般，自心也是朗明光照。本離無明常爲遮那，心臆月即澄淨，五障、晦闇去除，心體如圓鏡般晶瑩透徹，光明遍照一切。

6.獨尊：如月之獨一，自心也是獨一。自心是諸佛所在，萬法皆歸於此。心王之如來住於無與倫比之心殿，意識都城並居其中，皆是心之眷屬。

7.中道：如處於月中，自心亦離二邊。恆處中道，永離執有見及斷見二邊。

8.速疾：如月之不遲一般，自心疾速。轉祕密法輪剎那間斷除惑業，心繫於淨土則十方不遠，乘神通之車須臾成佛。

9.迴轉：如月之迴轉，自心亦是無所窮盡。還入心水，而起利物之心波，轉正法輪破愚迷痴闇，萬德無窮，不斷二利。

10.普現：如月之普現，自心亦是周遍寂靜。心緣水靜，普應萬機，一體化身九界，假多身普現十方一切國土。

在《除蓋障菩薩所問經》卷七中，亦以月來比喻菩薩之十種特德。

⊙持月輪的本尊

月光菩薩、月天子，皆持月。

月天（梵名 Candra），梵音譯爲旃陀羅、戰達羅或戰捺羅。又稱爲月天子、寶吉祥天子，爲十二天之一。自古又稱爲蘇摩（梵名 Soma）、蘇摩提婆（梵名 Soma-deva），星宿王（梵名 Nakṣatra-nātha）等。在《長阿含經》卷二十二中記載，月天子住於月宮殿，其壽五百歲，子孫相承以持彼月宮。月天身有千光，五百光下照、五百光傍照，所以又有千光明、涼冷光明之稱。密教視之爲擁護佛法的天部之一。

於金剛界曼荼羅成身會中，其尊形爲現童子形，身呈白肉色，右手於胸前持半月，左手腰部作拳。

而於胎藏界曼荼羅外金剛部院西方，其尊形為身呈白肉色，乘坐三鵝，左手當胸，右手執杖，杖頭有半月形。

⊙此類持物常見諸尊

月光菩薩、寶印手菩薩、千手觀音、月天。

月光菩薩

星

在胎藏界外金剛部院的諸星宿中，如二十八星宿皆手持蓮華，蓮上有星。

除了二十八宿之外，代表星的尚有明星天子。

《法華經》卷一〈序品〉中說：「復有名月天子、普香天子、寶光天子、四大天王，與其眷屬萬天子俱。」在《法華經文句》卷三（下）中解釋：名月等三天子，是帝釋的內臣，有如卿相；又稱爲「三光天子」，即：名月是寶吉祥天子，爲大勢至菩薩所化現；普香是明星天子，爲虛空藏菩薩所化現；寶光是寶意日天子，由觀世音菩薩所化現。

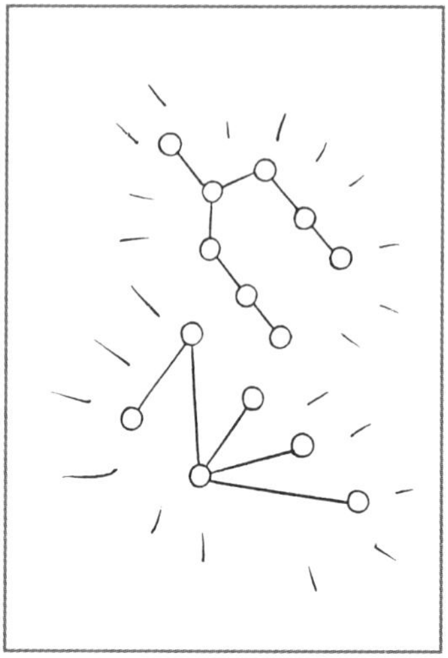

持星的諸尊

火

火能猛烈燒除一切，因此在佛法中常以智火爲喻，燒除一切煩惱薪材。火亦爲構成宇宙之六大元素（地、水、火、風、空、識）之一，火的體性是暖性，有成熟萬物的作用，以三角形爲象徵，以赤色來表其色，火的性質，有成熟義，同時有燒盡萬物而使其清淨的作用。

⊙經典中的意涵

依照火之作用，密教亦發展出獨特的修持法——護摩法。

護摩法，源於婆羅門教供養火神阿耆尼，以爲驅魔求福之作法。後來佛教將其內涵加以轉化昇華，依法性意義融攝之。在《大日經疏》卷二十中說：「護摩是以智慧之火焚燒煩惱的薪柴，使其窮盡無餘。」而在《尊勝佛頂真言修瑜伽軌儀》卷下則說，護摩者就如同爲火天一般，火能燒草木森林，使其無有剩餘，所以智火也是如此，能燒除一切無明，無不窮盡。

⊙持火的本尊

持火之本尊，當以火天爲代表。

火天（梵名 Agni），音譯作阿耆尼、阿誐那、惡祁尼。又稱火仙、火神、火光尊。爲十二天之一，及八方天之一，守護東南方。位金剛界曼荼羅外金剛部西方，及胎藏現圖曼荼羅外金剛部院東南隅。

其於金剛界成身會中之尊形爲身赤肉色，左手作拳，伸食指向天，右手執三角火炎。

熒惑天亦持火。

熒惑天（梵名 Pingala），梵名音譯成冰誐羅。指位於金剛界曼荼羅外金剛部南方之天部。乃金剛界三昧耶會外金剛部二十天之一。

其於金剛界成身會之尊形爲身呈白肉色，現可畏相，右手執火聚，左手作拳。

◎此類持物常見諸尊

火天、熒惑天。

火天

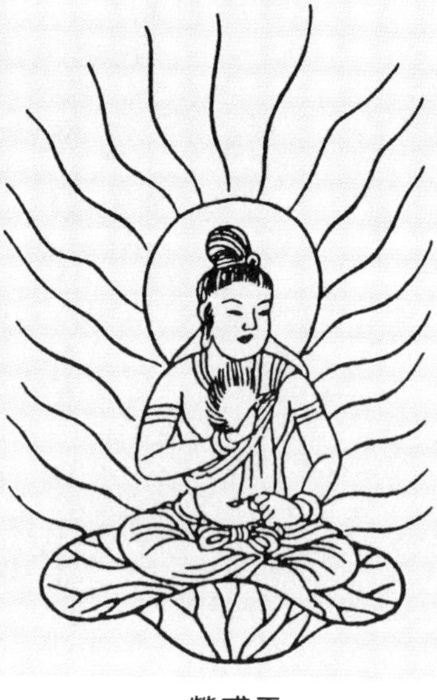

熒惑天

第五章 樂器類持物

琴

琴，樂器之一，為弦樂器之總稱，如月琴、胡琴、豎琴、鋼琴等。

中國古代之琴又名七絃琴，長三尺六寸，寬六寸。相傳伏羲始創為五弦，後周文王、武王各增一弦，成為七弦。以金玉圓點，飾爲徽識，全絃凡十三徽，按徽撥彈，每徽各成一音。

⊙經典中的意涵

琴在佛教中，常以之演奏妙音，供養諸佛菩薩，莊嚴道場，佛陀也曾以琴來比喻修行，弦若是太緊或太鬆，都彈不出好音色，只有鬆緊適中，才能奏出好音，而修行亦然，要調整適中，依中道而行。

⊙持琴的本尊

以琴爲持物的諸尊中，有一個著名的故事，就是大樹緊那羅王彈琴的故事。

緊那羅（梵 Kiṃnara），又音譯作緊捺羅、甄陀羅、真陀羅、緊捺洛。意譯爲人非人、疑，又譯作歌神、樂神。譯成「疑神」是由於他們頭上長了角，似人非人，似天非天，有點令人疑惑不定，所以名爲疑神。

緊那羅與龍、夜叉等同屬於天龍八部，是諸天的音樂神之一，與乾闥婆是同一性質；凡是諸天舉行法會，都是由他們奏樂莊嚴道場。

在《慧琳音義》卷十一中說：「真陀羅，古云緊那羅，音樂天也。有美妙音聲能作歌舞，男則馬首人身能歌，女則端正能舞，次此天女多與乾闥婆天爲妻室也。」

大樹緊那羅王（梵名 Druma-kiṃnara-rāja），其是一位大菩薩，現緊那羅王身來領導緊那羅眾。

在《大樹緊那羅王所問經》中說，此大樹緊那羅王帶領無量緊那羅眾、乾闥婆眾、天眾，摩睺羅伽眾，自香山來詣佛所，於佛前彈奏琉璃琴，琴音普皆聞此三千大千世界，是琴音聲及妙歌聲，使欲界諸天的音樂黯然失色，於是欲界所有諸天，皆捨棄自身的音樂，來詣佛所。

此大樹緊那羅王鼓琴時，三千大千世界所有叢林諸山，須彌山王、雪山、目真鄰陀山、摩訶目真鄰陀山、黑山，及眾藥草、樹木、叢林悉皆涌沒，如同有人極爲醉酒，前卻顛倒，不能自持。

這時，佛陀尊前的大眾，除了不退轉菩薩，其餘一切諸大眾等，聽聞如此琴聲及諸樂音，各不自安，從座上起舞，一切聲聞大眾，聞琴樂音，無法自持，各自從座起，沒有了平日威儀的樣貌，隨著琴音舞動逸樂，如同小孩跳舞遊戲，快樂得不能自持。

這時大眾感到奇怪，於是天冠菩薩就問大迦葉尊者：「尊者！您修頭陀行常樂於空寂，為何聽到此琴音猶不能持身？」

大迦葉慨歎地說：「善男子！就如同旋嵐大風吹諸樹木、藥草、叢林，彼等無有力能自安持，並非彼本心之所欲樂，然彼鼓動不能自持。善男子！現在這位大樹緊那羅王鼓作琴樂，妙歌和順，諸簫笛音鼓動我心，如同旋嵐風吹諸樹身，不能自持。」

天冠菩薩見到此，即告大迦葉應當發起無上正真菩提道心，果能如是，聞音聲則不致動搖驚揚。大樹緊那羅王更配合琴音說妙偈頌，回答天冠菩薩所問，說一切音聲自虛空生，更說空、無相、無願三解脫門與無生法忍等甚深法義。

箜篌

箜篌（音ㄎㄨㄥ ㄏㄡˊ），爲古樂器的名稱，也作坎侯、空侯。《隋書．音樂志下》說此樂器出於西域，不是華夏的樂器。《事物原始》說箜篌體曲而長，有二十三弦，抱在懷裏，兩手齊彈，或用木撥彈。〈史記．孝武紀〉中說：「禱祠泰一、后土，始

用樂舞，益召歌兒作二十五弦及箜篌瑟，自此起。」

⊙持箜篌的本尊

佛教中持箜篌之本尊如下：

金剛歌菩薩（梵名 Vajragītā），爲金剛界內四供養菩薩之一。

此尊為毗盧遮那佛於內心證得金剛歌詠淨妙法音三摩地的智慧，從中流出金剛歌光明，遍照十方世界，供養一切如來，能使眾生破除語業戲論，獲得六十四種梵音具足。為了使一切菩薩受用三摩地智慧的緣故，化成金剛歌詠天女形菩薩。

金剛歌菩薩能加持行者，成就如來微妙音聲，使聞者喜樂聽聞，安住於聖德而解脫，覺了諸法，猶如呼響，空虛不實。

其尊形身呈赤肉色，現天女形，呈現演奏箜篌之姿。

此外，不動明王之妃（梵名 Acalanāthā），亦現天女形，呈青灰色，兩手持箜篌作彈奏之姿。

而三目四臂的阿摩提觀音，其中有二臂就是執持鳳頭箜篌。

◎此類持物常見諸尊

山海慧菩薩、阿摩提觀音、金剛歌菩薩、不動明王妃。

笛

笛，樂器之一，以竹製成，上有小孔，以直吹或橫吹發聲，或有說直吹爲簫，橫吹爲笛。

⊙持笛的諸尊

在《補陀落海會軌》有乾闥婆手持簫笛之記載。文中說：「其尊形爲身呈赤肉色，如大牛王，頂上有八角冠，左定（左手）執簫笛，右慧（右手）持寶劍，具大威力相，髮髻有焰鬘冠。」

乾闥婆（梵名 gandharva），又音譯作犍闥婆、健達縛等，意譯爲食香、尋香、香陰、香行等。又或名爲樂神、香神、尋香神、執樂天等，爲天龍八部眾之一。傳說唯以香氣爲食，故而有此名。

乾闥婆原爲婆羅門教所崇奉的神祇，相關的神話甚多，或有說爲身上多毛，或有說其爲半人半獸，也有說其樣貌極美。在印度神話中爲天上的樂師，而在佛教中則爲八部眾之一，是帝釋屬下職司雅樂之神。又，諸經中以之爲東方持國天的眷屬，是守護東方的神，且有眾多眷屬。

依《注維摩經》卷一、《維摩經玄疏》卷五所說，此神常住地上之寶山中，有時昇忉利天奏樂，善彈琴，作種種雅樂，悉皆能妙。而在《大方等大集經》卷五十二〈提頭賴吒天王護持品〉中則說，佛令提頭賴吒天王及其子乾闥婆眾等，護持閻浮提東方第四分。

天龍八部眾之一的摩睺羅伽（梵名 Mahoraga）於胎藏界曼荼羅外金剛部院中，做吹笛狀。此外，歌天和迦樓羅（大鵬金翅鳥）亦有持笛之造形。歌天（梵名 Cītādevatā）爲樂天之一，其尊形身呈肉色，吹橫笛。迦樓羅（梵名 Garuḍa），爲天龍八部眾之一。其尊形爲身呈金色，鳥頭人身，一者雙手執持螺貝吹奏，另一者張翼，作吹笛貌。

◎此類持物常見諸尊

迦樓羅、歌天、摩睺羅迦、寶藏菩薩。

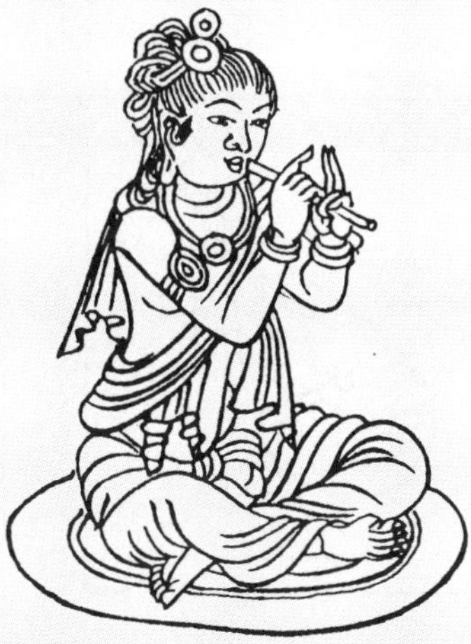

歌天

摩睺羅伽

琵琶

樂器之一，又稱爲枇杷，批把，以桐木製成，首彎曲，琴身橢圓，面平，背圓。在《漢書．樂志一》中說：「漢遣烏孫公主嫁昆彌，念其行道思慕，故使二人裁箏、筑，爲馬上之樂。欲從方俗語，故名曰琵琶，取其易傳於外國也。」

在《白寶口抄》〈咒賊經法〉中說：「琵琶者，悅可眾心義也。」

佛教中持琵琶的本尊，以辯才天最常見。

辯才天（梵名 Sarasvatī），古代印度婆羅門教、印度教之文藝女神。音譯作薩囉伐底、娑羅室伐底。又作大辯天、大辯才天女、大辯才功德天、大聖辯才天神、妙音天、美音天，略稱辯天。在梨俱吠陀中，彼爲一河及河川神之名字，能除人之污穢，賜予人財富、子孫、勇氣。

其尊形身呈白肉色，左手持琵琶，右手彈之。

⊙此類持物常見諸尊

辯才天、光明山王菩薩、持國天。

辯才天

持國天王

鼓

鼓爲樂器、打擊樂器之一。即在中空的木製圓筒上張皮，以供打擊的樂器。鼓在軍陣中做爲號令之用，佛教古來被做爲敲打集眾之用。

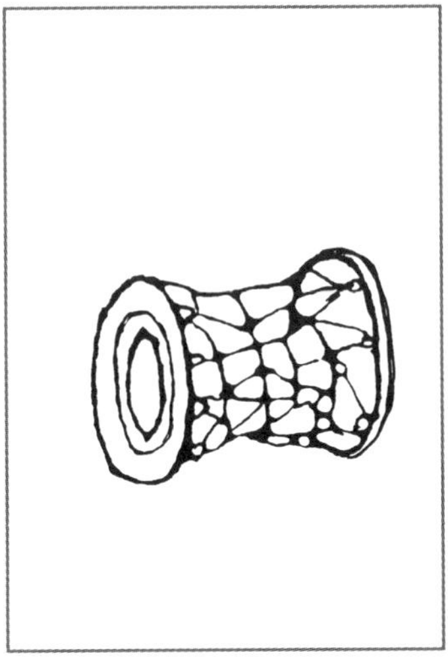

鼓的材料，初期有金（金屬）、玉、木、石等種種製品。一直到現代，則多已改用木材和牛、馬、豬皮等製造。用金屬製造的叫「鉦鼓」，用石料製造的叫「石鼓」，獸皮製成的稱爲「皮鼓」。

在《有部目得迦》卷八中說：「六大都城諸苾芻等，咸悉來集，人眾既多，遂失時候。佛言：應打犍稚。雖打犍稚，眾鬧不聞。佛言：應擊大鼓。」

⊙持鼓的本尊

鼓天（梵名 Vādyadevatā），尊形爲身呈肉色，結跏趺坐，腿上置鼓，兩手擊鼓。

鳩槃荼（梵名 Kumbhāṇḍa），又作俱槃荼、究槃荼、弓槃荼、鳩滿拏、槃查，意譯爲甕形鬼、冬瓜鬼、厭魅鬼。是隸屬於增長天的二部鬼類之一，在《圓覺經》稱其爲大鬼王。此鬼噉人精氣，疾行如風，變化多端，住於林野，管諸鬼眾。其於胎藏界外金剛部院南方之尊形身呈肉色，馬頭人身，一者鼓置腰間，以兩手打擊之，另一者持鈸作打擊狀。

在胎藏界曼荼羅外金剛部院北方，列有二尊緊那羅，其尊形身呈肉色，一者於膝上安置橫鼓，另一於膝前安置豎鼓，二者皆作欲擊鼓之勢。

在大乘經典中，緊那羅眾常列席於佛陀的說法會中，並以歌伎舞樂來供養讚歎佛陀。如於新譯《華嚴經》中，即列有善慧光明天緊那羅王、妙華幢緊那羅王等十位緊那羅王，與無量緊那羅大眾一同前來參與華嚴法會，其各得一解脫門，皆勤精進，觀一切法，心恆快樂，自在遊戲。

⊙此類持物常見諸尊

鳩槃荼、鼓天、緊那羅、歌天。

鳩槃荼

鈸

鈸又作銅鈸、銅鈸子、或銅鉢子、亦稱銅盤、鐃鈸等。用響銅所造，其形如圓盤，中央隆起如丸狀，中心穿一小孔，繫以布縷，兩片互擊而鳴奏之。

在佛教中，鈸爲伎樂供養具之一。經律中有多處記載，如《佛本行集經》卷十四中說：「一千之銅鈸，一千之具簫，晝夜不絕於宮內。」

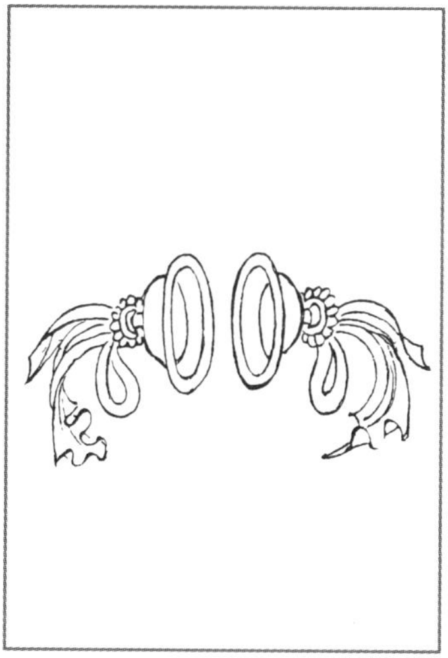

⊙持鈸的本尊

樂天（梵名 Vādyadevatā），vādya，意爲樂器、音樂，devatā意爲神，所以稱爲樂天，古來皆視之與乾闥婆同體。此尊身爲肉色，持鈸而舞。

第六章 其他類持物

化佛

化佛，指隨機宜忽然化現之佛形。在《觀無量壽經》中說：「於圓光中，有百萬億那由他恆河沙化佛，一一化佛亦有眾多無數化菩薩以為侍者。」

⊙持化佛的本尊

佛頂尊勝佛母（梵名Vijaya），密號除魔金剛。又稱爲頂髻勝佛母、尊勝佛母，簡稱爲尊勝母。在藏密中則爲「長壽三尊」之一，多供在無量壽佛右邊，左邊爲白度母，三尊象徵福壽吉祥。

在中國、日本，修持佛頂尊勝陀羅尼者甚多，而且非常靈驗。持此咒功德可消得淨一切惡道，具有消除罪障、增長壽命、往生極樂世界之功德。

其形像有三面八臂，面上各具三眼，中面白色，慈柔寂靜，右面金黃色笑容愉悅狀，左面爲似烏巴拉花之藍色，露牙現兇忿怒，身如秋月皎白無瑕，面貌如妙齡少女。

右第一手持四色十字金剛羯磨杵於於胸前，二手托蓮座，上有阿彌陀佛（亦或爲大日如來），三手持箭，四手施願印置於右腿前；左第一手忿怒拳印持羂索，二手上揚作施無畏印，三手執弓，四手定印托甘露寶瓶。佛母身有花蔓、天衣、寶冠、瓔珞等莊嚴，安坐於蓮花月輪上。

⊙此類持物常見諸尊

佛頂尊勝佛母、千手觀音。

佛頂尊勝佛母

寶冠

寶冠又作天冠，是指飾以寶玉之冠。

寶冠有很多種，常見的有如下數種：

1.五智寶冠，冠中有五化佛，表五智圓滿之德。

2.三峰寶冠，表胎藏三部之要義。

3.無量壽佛寶冠，冠中有無量壽佛，如觀自在菩薩所戴。

4.塔婆寶冠，安有塔婆之冠。

此外尚有化佛之一佛冠（化佛冠）、安有獅子頭之獅子冠、金線冠、髑髏冠、華冠與髮髻冠等。

寶冠菩薩（梵名 Ratakūṭa 或 Ratna-makuṭa），音譯羅怛那摩勾吒。又作寶冠童子、寶冠童子菩薩。

此尊位於現圖胎藏界曼荼羅文殊院，寶冠意爲莊嚴，在彰顯文殊菩薩福慧莊嚴之特德，能饒益一切眾生，使其福慧莊嚴。

其尊形身呈黃色，右手仰掌當胸，手持三瓣寶珠；左手肘開而持青蓮花，花上有寶冠，於赤蓮花座上結半跏趺坐。

五方佛冠

塔婆寶冠

獅子冠

佛頂

佛頂，是指如來之無見頂相，乃常人所無法了知的殊勝相，具足最上最勝之功德。光聚佛頂之持物即爲佛頂。

光聚佛頂（梵名 Tejorāśyuṣṇīṣaḥ 或 Uṣṇīṣa-trjorāśi），音譯帝儒囉施鄔瑟泥灑。爲密教五佛頂之一，八佛頂之一。又作火聚佛頂、火光佛頂、放光佛頂、光聚佛頂輪王。本尊象徵如來光明，照破眾生黑闇之特德，故名爲光聚佛頂。常念誦光聚佛頂之聖號，能破壞一切障礙、驅除難伏之鬼魅，可成就一切廣大佛事。

此尊位於胎藏界曼荼羅的釋迦院中。尊形爲身呈金色，端坐於赤蓮華上，右掌側豎，屈無名指、小指，左手置腰間，持蓮華，蓮上有佛頂形。

佛頭

以佛頭為持物，義在彰顯如來普觀法界一切眾生根性，皆使其入於佛道之特德。

不空見菩薩為手持佛頭。

不空見菩薩（梵名 Amogha-darśana），密號為普觀金剛，此菩薩以肉眼、天眼、慧眼、法眼、佛眼等五眼，普觀法界眾生之平等差別，能除一切惡趣，令轉趣正直善道，究竟涅槃，故稱不空見。

其尊形身呈肉色，左手持蓮花，花上光焰並有眼、鼻、口，右手豎掌，掌心朝外，安坐於赤蓮花上。

牙

以牙爲持物，主要在彰顯如來能嚼碎一切眾生煩惱，咀嚼勝妙法味之特德。

其中爲代表者，即是如來牙菩薩。

如來牙菩薩（梵名 Tathāgata-daṃṣṭrā），音譯怛他誐多能瑟吒羅。於密教胎藏現圖曼荼羅位釋迦院內。此尊主要在彰顯佛陀嚼碎摧破眾生與諸佛差別之執著，而得咀嚼無上平等法味之特德。

其尊形全身呈肉色，右掌置右胸前，稍屈中指、無名指等，左拳持往開敷之蓮花，蓮上有牙，坐於赤蓮上。

舌

在佛教的持物中，也有持舌者，這是象徵如來辯才無礙之特德。

如來舌菩薩即手持如來舌。如來舌菩薩（梵名 Tathāgata-jihva），音譯怛他誐他爾訶縛，爲胎藏現圖曼荼羅釋迦院之一尊；亦爲阿闍梨所傳曼荼羅（善無畏三藏所傳）

，胎藏圖像中遍知院中之一尊。此尊密號辯說金剛，主要在彰顯佛陀說法之舌相，常作真實語之德。

其尊形爲全身呈肉色，右掌舒展上仰，而置於胸前，左手持開敷之蓮花，蓮上置舌，舌上有光焰，其跏趺坐於赤蓮花上。

除了如來舌菩薩，金剛語菩薩亦是持如來舌。

金剛語菩薩（梵名 Vajrabhāṣa），密號妙語金剛，爲金剛界西方無量壽如來四親近菩薩之一，自一切如來遠離一切言說戲論之智慧所出生，爲金剛界十六菩薩之一。又稱無言菩薩。由於此尊加持，得以六十四種法音遍至十方，眾生同霑法益。象徵無量壽如來爲眾生說法內證之德。

金剛語菩薩能加持行者，以六十四種法音遍至十方，隨順眾生的不同類別，皆成就法益。

其於成身會之尊形爲肉色，左手握金剛拳當腰，右手於胸前持如來舌。

人、頭、殘肢

在佛教的持物中，常可見到許多憤怒金剛、明王等，或是手持人、人頭、或是踏死屍，這是代表降伏生死，斷除眾生惡業輪迴之命，出生清淨法身之命。如大黑天、大威德明王。而愛染明王則是抓梵天頭，表截斷眾生之無明。

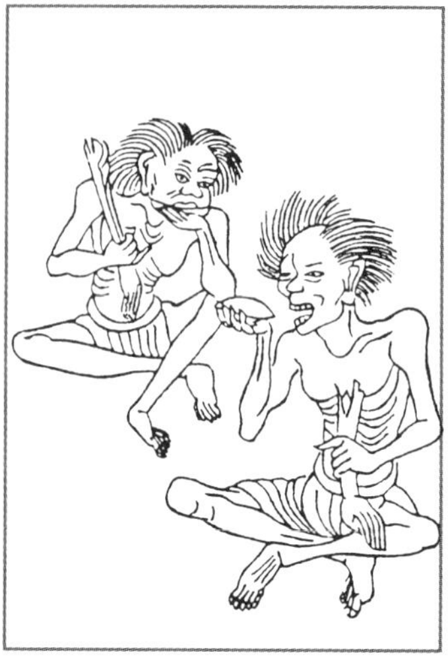

此外，在鬼眾的部尊中，也有許多是手持屍身殘骸的。

如毗舍遮（梵名 Piśāca），又作畢舍遮鬼、臂奢柘鬼。意譯爲食血肉鬼、噉人精氣鬼、癲狂鬼等。其腹如滄海，咽喉如針，常與阿修羅、羅剎並提，佛教中之餓鬼即源於此。此鬼噉食人之精氣、血肉，餓鬼中之勝者。

毗舍遮於胎藏曼荼羅外金剛部院南方，其尊形身呈肉色，現餓鬼形，右手持一截手臂，左手拿器上盛血。

荼吉尼（梵名DākinI），屬夜叉鬼類，其尊形爲身呈赤肉色，現餓鬼形。右手捉一截斷足，開口食之；左手拿殘臂。

針線

佛教的持物中，持針線之本尊較爲少見，以下介紹摩利支天。

摩利支天（梵名Marīci），又音譯爲摩里支天、末利支天。音譯有積光、威光、陽等名。是一位能夠隱形而爲眾生除滅障難、施予利益的女神。雖然屬於天部，但有時

也被稱爲摩利支天菩薩或大摩里支菩薩。

依《佛說大摩里支菩薩經》所載，此尊「能令有情在道路中隱身、眾生人中隱身。水、火、盜賊一切諸難皆能隱身。」

據說其手持針線之意，就是要把惡人的口和眼縫合起來，使其不得侵害他人。

同經中說，可觀想摩利支菩薩，並口誦其真言：唵摩里支娑嚩賀，是時，針

線身現金色，縫彼惡者口之與眼，令不侵害。

在同經卷五有其三面八臂相：「身如閻浮檀金光明如日。頂戴寶塔，著紅天衣，腕釧、耳環、寶帶、瓔珞及諸雜花種種莊嚴。八臂、三面、三眼、光明照曜。脣如曼度迦花，於頂上寶塔中，有毗盧遮那佛，戴無憂樹花鬘。左手執羂索、弓、無憂樹枝及線；右手執金剛杵、針、鉤、箭。正面，善相微笑，深黃色、開目，脣如朱色，勇猛自在。左面，作豬相，醜惡忿怒，口出利牙，貌如大青寶色，光明等十二日，顰眉吐舌，見者驚怖。右面，作深紅色，如蓮華寶有大光明。」

摩利支天

第七章 藏密特別的持物

顱器（嘎巴拉）

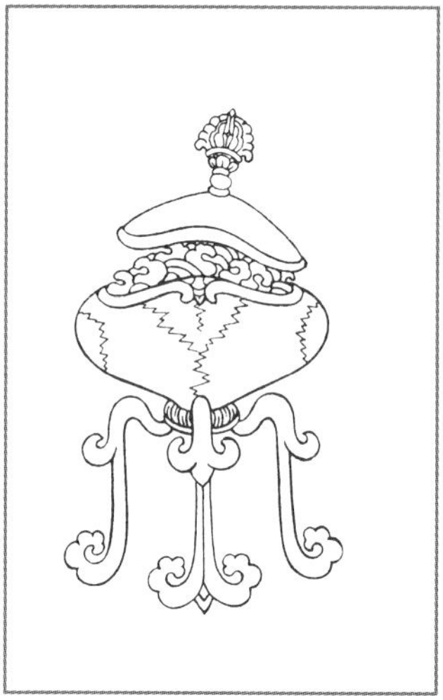

嘎巴拉即顱器，為藏密諸尊常見之持物，也是修法時，常見的法器之一，是由人頭顱骨所製成的容器。其以人骨製，乃是取其無常之意。藏語稱骷髏為「嘎巴拉」，其器身主要部分，由人顱骨製成，邊再鑲銀或鑲

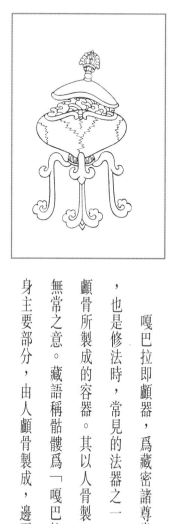

金。其上有蓋，其下有座，座呈三角形，鑄有三個骷髏，滿綴代表火焰的花紋。

顱器中有供養之甘露，代表一切福德、智慧資糧。

◉持顱器的本尊

藏密中，有許多本尊都以嘎巴拉為持物，以下介紹大威德金剛。

大威德金剛在藏密中被視為文殊菩薩化身的忿怒相，表其有調伏怨敵的功德，為密教中常見重要之本尊。而在西藏密宗中，大威德金剛是無上密最高的本尊之一，能除魔與對治閻羅死魔等，是無上瑜伽部中，即身成就的主尊。

藏史傳說：當時閻魔附聖人之體，現牛首人身後，殺害二惡人，飲其血，斷其首，以頭骨作缽，隨而擾亂藏族，文殊菩薩應藏人所祈求，示現猙獰的大威德相，亦牛首人身催伏閻魔，故名降閻魔尊。

本尊形相極為可怖，身黑藍色，九面三十四手、十六足右屈左伸、捲舌、獠牙、露齒、蹙額、赤髮上沖、鬚眉如火、五骷髏為冠、五十鮮人首為項鬘、黑蛇絡腋、骨輪骨飾等為莊嚴，其形裸露。

三十四臂，諸手皆結期剋印，前抱佛母之二手，右執鉞刀，左捧盈血嘎巴拉。最上二手執象皮披風之腳，餘手持物，右爲：鏢槍、檮杵、水齒輪刀、鉞斧、矛、箭、鉤、杖、三叉戟、輪、五鈷杵、金剛錘、劍、手鼓。左爲：梵天頭、盾牌、羂索、弓、腸、鈴、人手、屍布、人幢、火爐、帶髮嘎巴拉、作期剋印、三角幢、風帆。

⊙此類持物常見諸尊

大威德金剛、大黑天、喜金剛、金剛亥母、卡雀佛母、獅面空行母、時輪金剛、黑袍怙主、一髻母。

天杖

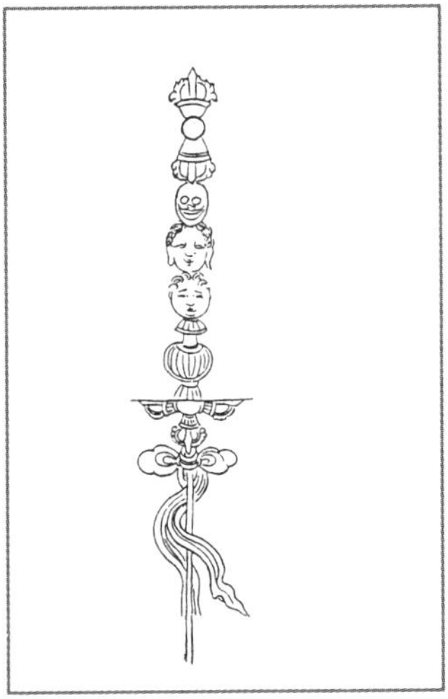

天杖爲降伏之法器，與檀拏杖類似。檀拏杖（梵名caṇḍa），是指上端有人頭之策杖，又作檀拏、檀陀、但荼等，意譯爲杖、寶杖、棒棓、人頭棒、骷髏杖等。

⦿經典中的意涵

天杖上另有三個人首，爲骷髏、乾人頭及新鮮人首，分別代表法、報、化三身，十字羯磨杵表事業成就，手鼓表鈎召、攝受之意。下繫五色絲帶，表五部空行。

◉持天杖的本尊

藏密的卡雀佛母，其身紅色，表隨貪一切眾生，示現大貪愛之相，引一切眾生入佛智。

右手執鉤刀，鉤刀乃天鐵所成，半五股杵之柄黃色。向下伸者，表斬斷一切眾生之煩惱也。

左手執顱器上舉微向下斜者，表倒出甘露自性之血也。不斷而飲者，表心中大樂常滿。面仰左方表自身般若母之自性，左肩上倚立之天杖尖朝後微向上柄朝前者，密義表佛父也。

五骷冠表五方佛。五瓔珞嚴飾表自爲五智之本性。項掛五十人首，表音母十六字及聲母三十四字，共五十聲音字。安住在智慧火蘊光明熾盛之中，表其內臍火也。

◎此類持物常見諸尊

卡雀佛母、金剛亥母、焰摩天、馬頭明王、蓮花生大士。

卡雀佛母

普巴杵

普巴杵即金剛降魔杵，其一端爲金剛杵，另一端爲鐵製三棱杵，中段有三佛像，一作笑狀、一作怒狀，一作罵狀。此法器通常爲修降伏法所用，用以降伏魔怨。

由於藏密寧瑪派（紅教）的「普巴金剛」法，使用此杵，故又稱爲「普巴杵」。

⊙持普巴杵的本尊

持普巴杵的本尊有許多，以下介紹：

普巴金剛（藏名 རྡོ་རྗེ་གཞོན་ནུ། ，漢音譯作多傑訓努），意爲金剛孺童。

普巴金剛具足無比大悲威力，而外現忿怒相，除了可以斷除所有鬼神、非人、天魔、惡咒之迫害，並可降魔息災及消除危難。另外，亦可以對治自我的貪執與煩惱，消除一切自心與外相的障礙。

普巴金剛身黑藍色，具有三頭，每頭各有三目，六臂四足。中間一頭藍色，表大勢至菩薩之忿怒相「金剛手」，表諸佛之「意」；右面白色，表文殊菩薩之忿怒相「大威德金剛」，表諸佛之「身」。左面紅色，代表阿彌陀佛（或說為觀音菩薩）之忿怒相「馬頭明王」，表諸佛之「語」。每一頭口中各有二牙上出，二牙向下。

其六臂，第一手執天鐵製九股金剛杵（鐵表忿怒，九股表盡三界九乘一切眾生）；右第二手執金製五股金剛杵（金表喜樂，五股表轉五毒成智）。左第一手持般若智焰，表燃燒一切苦惱；第二手持三叉戟，表盡攝三界空行母。原本二手合掌普巴杵，表淨除一切煩惱、魔障。

背後有如利劍般銳利的翅膀。右二腳踩二男魔之背，左二腳踩二女魔之胸，安立於般若智焰中。所抱佛母名柯洛潔蝶，身淺藍色，右手持烏巴拉花（另有傳承持天杖者），左手托著顱器，腰圍豹皮裙。

鉞刀

鉞刀的形狀類似古代的兵器斧，爲修法用的法器。柄端爲金剛杵形，下有斧狀的刀身和刃口。

此法器常見於佛母持物，修法時佛母左手持嘎巴拉碗，右手持鉞刀，代表除貪、瞋、痴、慢、疑、惡見等六種根本煩惱。

鉞刀在製作的材質上多爲銀、銅、木、象牙等材質，手柄和器身上雕飾著龍頭、火焰、連珠、捲草等，非常精美，除了法器外，亦被視爲藝術品珍藏。

⊙持鉞刀的本尊

金剛亥母（梵名 Vajravarahī，藏名 Dorje Padmo），藏名音譯爲多傑帕摩。因此尊爲豬頭人身，故名爲亥母。

其身紅色，一面二臂，紅光熾燃徧滿十方三世，右手執金剛鉞刀，左持盛滿鮮血的顱器，左肩斜依卡章迦（天杖），狀若十六妙齡童女，兩乳豐美，三目圓睜，面現忿怒顰紋，獠牙緊咬下唇，髮黑微黃豎立，戴五骷髏冠，頸帶著五十個新鮮首鬘，並以小鈴花朵而嚴飾，以舞蹈姿，踡右足懸空，伸左足立於蓮花日輪屍座。

頂上豬頭，表大癡的法界體性智，三目表三世智，獠牙表辯才無礙，身色紅色表諸魔極怖畏。鉞刀表斷除煩惱之智慧刀，顱器表當供養之甘露。天杖表佛父勝樂金剛。天杖上所具三人頭表法、報、化三身，舞立姿表歡樂，示現妙齡童女表示永遠精進，純真清淨。怒容表調伏四魔，五十首鬘表法身體性常寂，小鈴眾骨表示不住於生死涅槃二邊。踏屍表示超越生死。

⊙此類持物常見諸尊

黑袍怙主、金剛亥母、金剛空行母、北方羯磨空行母、金剛密咒母、因陀羅空行母。

金剛亥母

黑袍怙主

手鼓

手鼓爲打擊樂器之一，其形窄腰，腰間繫以綵帶，鼓皮塗以綠色，於鼓腰又繫兩個小錘，手持鼓腰搖動，小錘即擊鼓面發聲，爲藏密中常見之法器。

鼓面以人皮製成的手鼓，俗稱嘎巴拉鼓，通常由兩片天蓋骨製成，鼓面蒙以人皮。

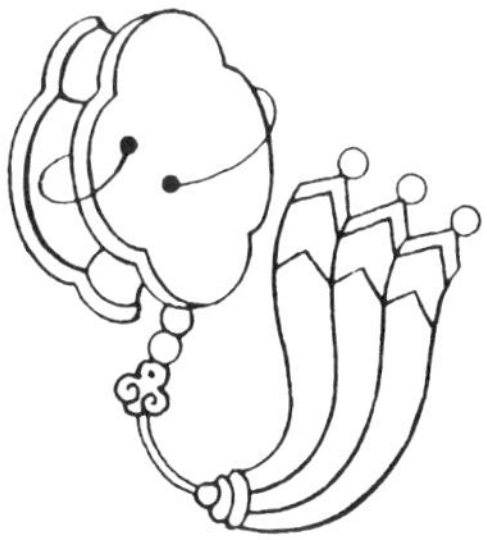

修法時搖鼓，代表讚頌諸佛菩薩的功德，配合金剛鈴、金剛杵使用。

⊙持手鼓的本尊

藏密的護法主尊白瑪哈嘎拉，其持物中即有手鼓。

白瑪哈嘎拉，藏音爲貢噶意新諾布，意譯爲白如願珍寶怙主。是觀世音菩薩所化現，由於憫念末世眾生缺乏福德，煩惱又重，因此化現此尊。白瑪哈嘎拉，能施予一切眾生福德。並使眾生獲致長壽、豐財、威勢的果報。而且此尊不同於一般世間財神護法，會產生障礙，是具足智慧、悲心的清淨財神。

此尊身白色，一面六臂三目，鬚眉毛髮呈金黃色上揚，頭戴骨冠，右上臂執鉞刀上揚；右二臂執如意寶橫置胸前；右下手搖動著紅檀香木製之手鼓。左臂垂置腿側並捧著滿盛甘露之顱器，內有一財寶瓶；左二臂執三叉戟；左下手持鉞斧或羂索。二足作巡行狀，立於蓮花日輪象頭財神層疊之寶座上。身著五彩絲質天衣，下身著虎皮裙，上身披象皮，項佩五十血人頭，表清淨五十習氣與煩惱。遍體佈珠寶及小鈴。

⊙此類持物常見諸尊

時輪金剛、白瑪哈嘎拉、六臂大黑天、戰神。

花箭

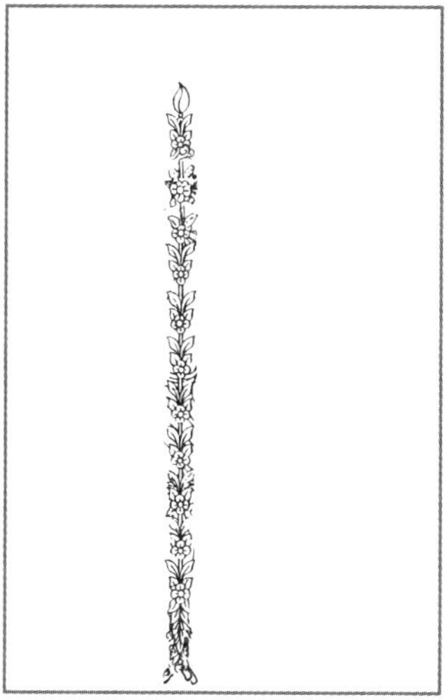

花爲使人敬愛歡喜之意，箭爲直射中的之意，以花爲箭，即表示懷愛鉤攝之義。

⊙持花箭的本尊

以此花箭爲持物者，以咕嚕咧佛母最爲常見。

咕嚕咕咧佛母（藏名 །རིག་བྱེད་མ། ，音譯爲哈摩利接瑪），爲藏傳佛教中，懷愛法的重要主尊之一，又稱爲作明佛母、三界自在空行母，在漢譯經典中則稱作酤羅菩薩。

本尊身紅色，主懷愛法，修此法者可得人天福報，具足大權威勢，受上司及部屬敬愛。而在《佛說大悲空智金剛大教王儀軌經》中說此為速疾成就信愛之法，屬西方蓮花空行所成就，也就是阿彌陀佛蓮華部的法門，乃以蓮花鉤，鉤出眾生自性中的慈愛、懷柔、及一切蓮華空行的體性，而盡攝法界眾生圓滿成佛之法。因此，此法也與無量壽如來有密切的因緣。

咕嚕咕咧佛母的尊形有二臂、四臂、六臂，或站或坐等不同造像，最常見為一面四臂像。

據經軌所述，咕嚕咕咧佛母貌如十六妙齡女，一面四臂、具三目，大牙微露，現薄瞋樣。赤紅髮上揚，如焰火一般；以五骷髏為冠，五十顆人頭為項鬘綱、耳垂、腕鐲、臂環、脛釧、腋絡等皆有骨飾莊嚴。身紅色，三目圓睜，捲舌，露齒。左第一手張紅烏巴拉花弓，右第一手執紅烏巴拉花箭作射勢。右第二手以忿怒印，執紅烏巴拉花之鉤上揚，左第二手以忿怒印，拿著下垂的紅烏巴拉花之花繩下放。

第3篇

特別部尊的持物

西方三聖

西方三聖是指阿彌陀佛及其脇侍觀世音菩薩及大勢至菩薩，一般稱之爲阿彌陀佛三尊。在《觀無量壽經》中所說：「無量壽佛住立空中，觀世音、大勢至是二大士侍立左右，光明熾盛不可具見，百千閻浮檀金色不得爲比。」

觀音與大勢至兩位大士，追隨阿彌陀佛，在極樂世界教化眾生，也在娑婆世界中，大悲救度一切眾生，並且輔翼彌陀，讓眾生能清淨發願往生極樂淨土，在臨命終時，他們亦會前來接引淨土行人。

觀世音菩薩（梵名Avalokiteśvara），又有觀自在、觀世自在、光世音、觀音等名，又被稱爲救世菩薩、救世淨聖、施無畏者、蓮華手、普門、大悲聖者。

據《悲華經》記載，將來西方極樂世界阿彌陀佛涅槃之後，觀世音菩薩將補佛處，名四遍出一切光明功德山王如來，其淨土名爲一切珍寶所成就世界，比起現在的極樂世界，更莊嚴微妙。

大勢至菩薩（梵名 Mahāsthāma-prāpta），又譯作摩訶鉢、得大勢、大勢志、大精進，或簡稱勢至、勢志。與觀世音菩薩同爲阿彌陀佛的脇侍。彌陀、觀音、勢至合稱爲「西方三聖」。相對於觀音的代表慈悲，大勢至菩薩就象徵智慧。

《觀無量壽經》說：此菩薩以智慧光普照一切，令眾生遠離三惡道，得無上力，所以稱此菩薩爲大勢至。

此菩薩與觀音菩薩俱攝受護念眾生，當淨土行人臨命終時，會來迎請淨行人往生極樂世界，在《大佛頂首楞嚴經》卷五中說此菩薩於因地時以念佛心證入無生法忍。

大勢至與彌陀、觀音二位聖尊，有極深的淵源。在彌陀成佛以前，他即與觀世音菩薩共同爲彌陀的侍者。在未來世，他也將接續觀世音菩薩之後而成佛，名爲善住功德寶王佛。

當此三尊一同出現時，關於這兩位脇侍菩薩的方位，一般以爲觀音菩薩在佛的左方，大勢至菩薩則在佛的右方。因爲觀音爲大悲的代表，即下化眾生之義，所以置於左方；而大勢至代表大智，意爲上求菩提，所以安於右方。但其他經論也有不同說法。我們可以從其造形和持物上來判斷尊名。此二脇侍的形像，觀音菩薩的寶冠中有化佛，大勢至菩薩的寶冠中有寶瓶。自古以來，一般造形是觀音菩薩兩手持蓮台，而大勢至菩薩雙手合掌。

西方三聖

二十五菩薩

在《十往生經》中，佛陀曾經告訴山海惠菩薩及阿難：「如果有人發願往生西方極樂世界，稱念阿彌陀佛名號者，佛陀會常使二十五菩薩如影護行，使行者能無病無惱，不令惡鬼、惡神惱亂行者，而常得安穩。

這二十五位菩薩的尊名及持物分別如下：

1.觀世音菩薩左右手捧紫金台。2.大勢至菩薩結未敷蓮華印，即合掌也。3.藥王菩薩差覆幢幡玉幡。4.藥上菩薩捧玉寶幡只幡。5.普賢菩薩差覆寶蓋。6.法自在菩薩。7.獅子吼菩薩腰鼓手。8.陀羅尼菩薩左舞。9.虛空藏菩薩右舞。10.德藏菩薩吹笙。

11.寶藏菩薩吹笛。12.金藏菩薩吹簫。13.金剛藏菩薩吹竽。14.光明山王菩薩持琵琶。15.山海慧菩薩持箜篌。16.華嚴王菩薩持磬。17.眾寶王菩薩持鐃銅鈸。18.月光王菩薩持摺鼓。19.日照王菩薩持葛鼓。20.三昧王菩薩持方鏡。

二十五菩薩來迎圖

21.定自在王菩薩持大鼓。22.大自在王菩薩持花幢。23.白象王菩薩持寶幢。24.大威德王菩薩持曼殊沙華。25.無邊身菩薩持戒香火舍。

這二十五位菩薩，因爲護念彌陀淨土行人，所以有阿彌陀佛與二十五菩薩來迎圖的繪像，是除了西方三聖之外，接引往生淨土者常見的造像。

藥師三尊

藥師佛與日光、月光菩薩合稱藥師三尊，又稱東方三聖，中尊爲藥師如來，左脇侍爲日光菩薩，右脇侍爲月光菩薩。

此三尊之本生因緣，是在過去世界有電光如來出世，說三乘法度眾生。當時有一梵士見世界濁亂而發菩提心，要教化世界諸苦眾生。因爲他特別發願利益重病眾生，所以電光如來改其名號爲醫王。他的兩個孩子也發起大願，願照破一切眾生生死黑暗，所以長子名爲日照，次子名爲月照。而那時的醫王，即爲東方藥師如來，二子即爲二大菩薩——日光遍照菩薩、月光遍照菩薩。

在《灌頂經》卷十二中記載：有二菩薩，一名日曜，二名月淨，是二菩薩次補佛處。據《藥師如來本願經》記載，月光菩薩與日光菩薩，同爲無量無數菩薩之上首，次補佛處，悉能受持藥師如來的正法寶藏。

日光菩薩（梵名 Sūra-prabha），又作日曜菩薩、日光遍照菩薩，其身呈赤紅色，右手執蔓朱赤花。

月光菩薩（梵名 Candra-prabha），又稱爲月淨菩薩、月光遍照菩薩，與日光菩薩共爲淨琉璃世界之菩薩眾上首，受持藥師如來正法藏。

日光菩薩、月光菩薩在名號上，並沒有特別明顯醫藥上的名稱，而是以日光、月光代表了一切清淨的光明，一切法性的光明，一切救度的光明，顯示了藥師佛要使眾生達到成佛境界所現起的方便。

日光菩薩的名號，是依其慈悲本願，普施三昧，照耀法界俗塵，摧破生死闇冥，猶如日光之遍照世間，故取此名。

依《藥師儀軌布壇法》所載，月光菩薩身呈白色，手持月輪，坐鵝座上；但此像與歷代相傳者頗爲不同，歷來所造皆爲立像，而月光菩薩即立於藥師如來之右側。

在金剛界曼荼羅中，月光菩薩位於第二院西邊，在光網菩薩與金剛燈菩薩之間，密號清涼金剛，或稱適悅金剛，三昧耶形爲半月形。《觀想曼拏羅經》中說其身作白色，右手持開敷蓮華，華上有月，左手作拳安腰側。

胎藏界曼荼羅中，月光菩薩位於文殊院妙吉祥的右方，妙音菩薩與無垢光菩薩之間，密號威德金剛，三昧耶形爲青蓮上之半月形。形像爲右拳當腰，執蓮華，華上有半月，左手豎拳持合蓮華，坐蓮台上。

藥師三尊

藥師十二神將

藥師十二神將，又稱爲十二藥師叉大將，十二神王。爲守護《藥師經》及其行者的十二位夜叉神將。也有視之爲藥師如來的化身。

依《藥師如來本願功德經》所載，此十二藥叉大將，一一各有七千藥叉以爲眷屬。並誓願守護藥師行人。經中記載其發誓願言：「世尊！我等今者蒙佛威力，得聞世尊藥師琉璃如來名號，不復更有惡趣之怖。

我等相率皆同一心，乃至盡形歸佛法僧，誓當荷負一切有情，爲作義利饒益安樂，隨於何等村城、國邑、空閑林中，若有流布此經，或復受持藥師琉璃光如來名號恭敬供養者，我等眷屬衛護是人，皆使解脫一切苦難，諸如願求悉令滿足。

或有疾厄求度脫者，亦應讀誦此經，以五色縷結我名字，得如願已然後解結。」

依經軌所載，此十二藥叉之尊名及身形如下：

(1)宮毗羅，又作金毗羅，意譯爲極畏。身呈黃色，手持寶杵，以彌勒菩薩爲本地。

(2)伐折羅，又作跋折羅、和者羅，意譯爲金剛。身呈白色，手持寶劍，以大勢至菩薩爲本地。

(3)迷企羅，又作彌佉羅，意譯爲執嚴。身呈黃色，手持寶棒或獨鈷，以阿彌陀佛爲本地。

(4)安底羅，又作頞何羅、安捺羅、安陀羅，意譯爲執星。身呈綠色，手持寶鎚或寶珠，以觀音菩薩爲本地。

(5)頞儞羅，又作末爾羅、摩尼羅，意譯爲執風。身呈紅色，手持寶叉或矢，以摩利支菩薩爲本地。

(6)珊底羅，又作娑儞羅、素藍羅，意譯爲居處。身呈煙色，手持寶劍或螺貝，以虛空藏菩薩爲本地。

(7)因達羅，又作因陀羅，意譯爲勢力。身呈紅色，手持寶棍或鉾，以地藏菩薩爲本地。

伐折羅

摩虎羅

真達羅

安底羅

招度羅

毗羯羅

藥師十二神將(一)

藥師十二神將(二)

(8)波夷羅，又作婆耶羅，意譯爲執食。身呈紅色，手持寶鎚或弓矢，以文殊菩薩爲本地。

(9)摩虎羅，又作薄呼羅、摩休羅，意譯爲執言。身呈白色，手持寶斧，以藥師爲本地。

(10)真達羅，又作真持羅，意譯爲執想。身呈黃色，手持羂索或寶棒，以普賢菩薩爲本地。

(11)招度羅，又作朱杜羅、照頭羅，意譯爲執動。身呈青色，手持寶鎚，以金剛手菩薩爲本地。

(12)毗羯羅，又作毗伽羅，意譯爲圓作。身呈紅色，手持寶輪或三鈷，以釋迦牟尼佛爲本地。

又有將這十二神將配在晝夜十二時辰、及四季十二個月份裏，輪流率領眷屬守護眾生的說法流傳。

或有將十二神將與十二獸配列在一起，認爲這十二神將是藥師佛的分身，在十二時辰中分別以十二獸爲坐騎（或化爲分具十二獸頭形之獸首人身像）守護行人。在日本的密教圖像裏，所畫的十二神將圖，往往與十二生肖相結合。有些是獸形爲首而具人身，有些則是人首人身而在頭髮上方分別有十二生肖的圖像。

關於十二藥叉在不同經軌中的譯名，及其本地、持物、身色等表列如下：

本願經	七佛經	消災軌	身色	持物	十二支	本地
宮毗羅	宮毗羅	金毗羅	黃	寶杵	亥神	彌勒
伐折羅	跋折羅	和耆羅	白	寶劍	戌神	大勢至
迷企羅	迷企羅	彌佉羅	黃	獨鈷（棒）	酉神	阿彌陀
安底羅	頞儞羅	安陀羅	綠	寶珠（鎚）	申神	觀世音
頞儞羅	末儞羅	摩尼羅	紅	寶叉（矢）	未神	摩利支
珊底羅	娑儞羅	素藍羅	煙	螺貝（劍）	午神	虛空藏
因達羅	因陀羅	因達羅	紅	寶棍（鉾）	巳神	地藏
波夷羅	波夷羅	婆耶羅	紅	寶鎚（弓矢）	辰神	文殊
摩虎羅	薄呼羅	摩休羅	白	寶斧	卯神	藥師
真達羅	真達羅	真持羅	黃	羂索（寶棒）	寅神	普賢
招度羅	朱杜羅	照頭羅	青	寶鎚	丑神	金剛手
毗羯羅	毗羯羅	毗伽羅	紅	寶輪（三鈷）	子神	釋迦

五佛頂

五佛頂，又稱爲五頂輪王或來五佛頂，是代表佛智的殊勝，象徵佛陀無見頂相妙德的五佛之頂。分別爲白傘佛頂、勝佛頂、最勝佛頂、光聚佛頂及摧碎佛頂。

五佛頂出自胎藏界曼荼羅釋迦院，是釋迦如來五智的妙德，具足輪王般的大勢力。示形轉輪聖王形，頂上有肉髻，髻上復有髮髻。其餘相貌皆如菩薩，非常莊嚴。

五佛頂是將如來之無見頂相，分別爲五種特德而得名的。即：以如來頂相遍覆一切之用，名白傘蓋佛頂；其勝功德名勝佛頂；最勝功德名最勝佛頂；光用功德名光聚佛頂；摧碎之用名摧碎（即除障）佛頂。另有一說除去最勝、除障，而代之以金輪、高爲五佛頂。

在《大日經義釋》卷七中解說五佛頂，則說白傘蓋佛頂是如來衆相之頂，勝佛頂是廣大寂靜之頂。最勝佛頂是如來壽量秘密神通之頂，故名最勝。光聚佛頂是如來定慧光明之頂，能除暗障，因以得名。摧碎佛頂是如來力無所畏神通之頂，能調伏一切眾生障業垢染，皆令清淨。

此五佛頂之形像及持物如下：

1.白傘蓋佛頂

尊形身呈黃色，左手執蓮花，蓮上有白傘，右手臂上屈，並屈五指，作拇指、食指相捻狀，結跏趺坐於赤蓮上。另有作手持白傘，放白色之光，坐大白蓮上之形像者，或右手五指張開而拇指、無名指相捻者，各經所載不同。持物爲蓮上白傘，或是傘蓋。

2.勝佛頂

尊形身呈黃色，現菩薩形，右手執含苞之蓮花，左手握拳執蓮花，蓮上豎一周圍發出光焰之劍，結跏趺坐於赤蓮花上。持物爲蓮華上寶劍。

3.最勝佛頂

尊形身黃色，左手持蓮，蓮上安輪，安坐於蓮花上。持物爲蓮華上金剛輪。

4.光聚佛頂

勝佛頂

白傘蓋佛頂

最勝佛頂

光聚佛頂

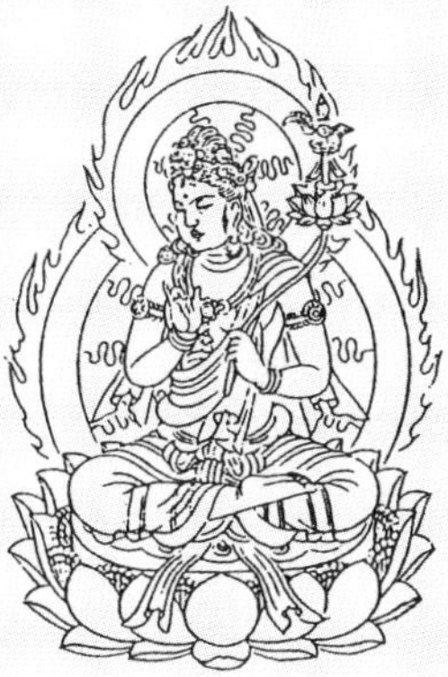

除障佛頂

尊形身呈金色，端坐於赤蓮華上，右掌側豎，屈無名指、小指，左手置腰間，持蓮華，蓮上有佛頂形。持物爲蓮上佛頂形，或黃蓮華上之寶形。

5. 摧碎佛頂

尊形身呈黃色，左手持蓮華，上安獨股鉤，右手屈無名指，豎掌當胸，安坐於赤蓮華上。持物爲蓮華上安鉤。

六地藏

六地藏是指度化天、人、修羅、地獄、餓鬼、畜牲等六道眾生的地藏。

六道地藏的名稱，各經軌所載不一，但是大體而言，皆源於《大日經疏》卷五，胎藏界地藏院九尊中之六上首，即：地藏、寶處、寶掌、持地、寶印手、堅固意。六地藏之信仰，於日本特別流行。

在《覺禪鈔》〈地藏卷下〉中，列出六道地藏之尊名及持物如左：

天道：大堅固地藏，左手持寶珠，右手持經。

人道：大清淨地藏，左手持寶珠，右手結施無畏印。

修羅道：清淨無垢地藏，左手持寶珠，右手持梵篋。

畜生道：大光明地藏，左手持寶珠，右手持如意。

餓鬼道：大德清淨地藏，左手持寶珠，右手結與願印。

地獄道：大定智悲地藏，左手持錫杖，右手持寶珠。

而在《地藏菩薩發心因緣十王經》中，則說此六地藏尊名及持物如下：

天道：預天賀地藏，左手持如意珠，右手結說法印。

人道：放光王地藏，左手持錫杖，右手結與願印。

修羅道：金剛幢地藏，左手持金剛幢，右手結施無畏印。

畜生道：金剛悲地藏，左手持錫杖，右手結接引印。

餓鬼道：金剛寶地藏，左手持寶珠，右手結甘露印。

地獄道：金剛願地藏，左手閻魔幢，右手結成辦印。

五大虛空藏菩薩

五大虛空藏菩薩，又作五大金剛虛空藏。是指法界虛空藏、金剛虛空藏、寶光虛空藏、蓮華虛空藏、業用虛空藏等五菩薩。

又稱爲解脫虛空藏、福智虛空藏、能滿虛空藏、施願虛空藏、無垢虛空藏；或稱智慧虛空藏、愛敬虛空藏、官位虛空藏、能滿虛空藏、福德虛空藏。

此五尊分別代表大日、阿閦、寶生、彌陀、釋迦五佛，各住於如意寶珠三昧之義，五菩薩即五佛所變現，成就五智三昧而成此五大菩薩。

五大虛空藏菩薩之形像及持物，依《瑜伽瑜祇經》〈金剛吉祥大成就品〉所記載，於一大圓明中更畫五圓，中圓畫白色之法界虛空藏，左手執鉤，右手持寶；前圓（東）畫黃色之金剛虛空藏，左手執鉤，右手持寶金剛；右圓（南）畫青色之寶光虛空藏，左手執鉤，右手持三瓣寶，放大光明；後圓（西）畫赤色之蓮華虛空藏，左手執鉤，右手持大紅蓮華；左圓（北）畫黑紫色之業用虛空藏，左手執鉤，右手持寶金剛。五尊分別乘師子、象、馬、孔雀、迦樓羅鳥。總印之印相爲外五鈷印，二中指作寶形，並在其餘四指之端觀想寶形。

五大虛空藏

六觀音

「六觀音」是指化導救渡六道眾生的六種觀音。根據《摩訶止觀》卷二記載爲：

1.大悲觀音：主破除地獄道的三障（三障指煩惱障、業障及業障所招感的果報之報障）。此道的眾生苦迫尤重，所以特重大悲。

2.大慈觀音：主破除餓鬼道的三障。此道因飢渴重，所以宜用大慈。

3.師子無畏觀音：主破除畜生道的三障。此道的獸王威猛，所以宜用無畏。

4.大光普照觀音：主破除阿修羅道的三障。此道的眾生多猜忌嫉疑，故適宜用普照。

5.天人丈夫觀音：主破除人道的三障。所謂天人丈夫的名號來由，是因人道中有事也有理，在事相上能降伏驕慢所以稱爲天人，若自在理上則是能見佛性，以稱爲丈夫。

6.大梵深遠觀音：主破除天道的三障。這是因爲大梵是天主的標幟，是天人之王，代表能得諸臣，而降伏一切。

此外，東密也以下列六種觀音作爲六道的救度者。

1.聖觀音——主救度餓鬼道眾生。

2.千手觀音——主救度地獄道眾生。

3.馬頭觀音——主救度畜生道眾生。

4.十一面觀音——主救度阿修羅道眾生。

5.準提觀音——主救度人間道眾生。

6.如意輪觀音——主救度天道眾生。

⊙聖觀音

聖觀音（梵名Avalokitesvara），即一般所稱之觀世音菩薩，梵名音譯爲阿縛盧枳多濕伐羅，又稱作正觀音、大聖觀自在、大悲聖者、大精進觀世自在等名。一般指的是觀自在菩薩自身，密號爲正法金剛、清淨金剛，於六道觀中，爲救

聖觀音

度餓鬼道眾生的主尊。

聖觀音在觀音院（蓮花部院）的形象是：左手持未開敷的蓮華，右手作欲打開蓮華姿勢，代表以大悲功德，解除眾生的無始無明。左手所拿的蓮華，代表一切眾生本來自性清淨，但蓮華未開，正代表眾生爲無明所覆，顛倒迷惑。這種聖觀音形象是較普遍的，一般所說的聖觀音，多指這尊在觀音院的觀自在菩薩。其三昧耶形爲初割蓮華，印相爲八葉印。

除此之外，在中臺八葉院西南方的觀自在菩薩，是頂戴寶冠上有無量壽如來，右手豎拳執開敷蓮花，蓮花向上伸至菩薩頭部右方，左手則豎掌向外作施無畏印。此尊三昧耶形爲開敷蓮華或法住印，印相爲蓮華合掌。

在釋迦院的觀自在菩薩是右手向內持白拂（或赤拂），左拳叉腰。在文殊院的觀自菩薩在是右手仰掌置臍，左手豎掌屈食、中指，執開蓮華。其三昧耶形爲白拂或未開敷蓮華，印相則爲八葉蓮華印。

另於《覺禪鈔》中，也引用《授記經》描述：「繪觀自菩薩，坐蓮華上，身淺紅色，嚴飾瓔珞，髮戴寶冠化佛，左帶白神索，左手執蓮華，右手置頂上，呈敬禮姿勢，種種瓔珞莊嚴其身，呈微笑貌。」

同書也記載有其執杖之形像：「觀自在菩薩大悲聖者，從東方來，手持杖，自著白服，以寶瓔珞莊嚴，以黑鹿交絡右膊，髮戴寶冠。」更有手持拂子念珠像：「以虎皮爲裙，現忿怒形，執拂子與念珠，頂髻戴無量壽佛，肅然具三目，著蓮華色衣，愍念諸有情。」而《阿娑縛抄》，則描述觀音右手持白拂，左手執蓮華。

⦿千手觀音

千手觀音（梵名 Avalokitesvara-sahasrabhuja-lo-cana），是指具有千手、千眼，每一手掌各有一眼的觀音菩薩，又稱千手千眼觀自在、千手聖觀自在、千光觀自在，或稱千眼千首千足千舌千臂觀自在。

「千」，是代表無量、圓滿之義。也就是「千手」象徵此觀音大悲利他的方便無量廣大，「千眼」象徵他應物化導時，觀察機根的智慧圓滿無疑。

千手觀音在後面會有專文介紹。

⊙馬頭觀音

馬頭觀音（梵名 Hayagrīva），梵名音譯作賀野紇哩縛、阿耶揭唎婆、何耶揭唎婆，意譯爲大力持明王。此尊亦爲八大明王之一，是密教胎藏界三部明王中，蓮華部的忿怒持明王。是六觀音度化畜生道的救護主。

馬頭明王以觀音菩薩爲自性身，示現大忿怒形，置馬頭於頂，爲觀世音菩薩的變化身之一。因爲慈悲心重，所以摧滅一切魔障，以大威日輪照破眾生的暗冥，噉食眾生的無明煩惱。

馬頭觀音的尊形有一面二臂、一面四臂、三面二臂、三面八臂、四面八臂等多種不同形像。其中一面二臂者，二臂或合掌或結施無畏印。《覺禪鈔》引《不空羂索經》說其左手執鉞斧，右手執蓮華。然亦有左手執蓮，右手握棒或左手結施無畏印，右手執蓮者。

在《何耶揭唎婆像法》中有四面二臂之造像：中菩薩面極令端正，作慈悲顏，顏色赤白，頭髮純青。左邊一面作大瞋怒黑色之面，狗牙上出，頭髮微豎如火

馬頭観音

焰色。右邊一面作大笑顏，赤白端正菩薩面，頭髮純青。三面頭上各戴天冠及著耳璫。其天冠上有一化佛結跏趺坐，中面頂上作碧馬頭，仍令合口。左手屈臂當乳前把紅蓮花，其華臺上作一化佛，正著緋袈裟，結跏趺坐，項背有光。右手仰掌擎真陀摩尼（如意寶），其珠團圓，如作白色，赤色光炎圍繞其珠。於其右手正當珠下，雨種種寶。端身正立紅蓮華上。

另於《大神驗供養念誦儀軌法品》卷下也有作四面八臂乘水牛像，據此品所載，當可鑄作一金剛威怒王像，隨意大小。其像形現四面八臂，四口皆出現上下利牙，八手把金剛器杖，正面頂上現一碧馬頭。頭髮如螺焰，大殘惡形，乘青水牛，牛背有蓮華形。

在《大聖妙吉祥菩薩秘密八字陀羅尼修行曼荼羅次第儀軌法》則述有三面八臂像爲：東北角繪馬頭明王。面有三面，八臂執諸器杖。左上手執蓮華，一手握瓶，一手執杖當心。以二手結印契。右上手執鉞斧，一手持數珠，一手執索。輪王坐蓮華中，呈大忿怒相，現極惡猛利之勢。

而在《諸說不同記》第三內，記載有此菩薩在胎藏曼荼羅觀音院中之形像爲三面二臂像：通身赤色，三面三目，作忿怒形，上齒咬下唇，兩牙上出。頭有金線冠，無冠繒，二端屈曲飛颺，著耳環，環有金珠子，額有坐化佛，頂上白馬頭出現。兩手合掌，屈食指甲相合，其無名指外叉。被天衣、無臂釧，著青珠鬘，腰帶左端自脛上外出垂，著腳環，豎右膝。依此像，唐．一行在《大日經疏》中進一步說，其身有黃有赤，如日初出之色。以白蓮華瓔珞等莊嚴其身。光焰猛威，赫亦如鬘，指甲長利。猶如轉輪王之寶馬，巡履四洲，一切時一切所，滌除一切雜念，諸菩薩大精進力又如斯。得如此猛威之勢，生死重障中不顧身命，所以摧伏處處業障，正為白淨大悲心，故用白蓮瓔珞飾其身。

◉十一面觀音

十一面觀音（梵名 Ekadasa-mukha），梵名音譯作曀迦娜舍目佉，意譯為十一最勝，或十一首，有時又稱為大光普照觀音，全稱為十一面觀音菩薩，是觀世音菩薩的化身。由於形像具有十一頭面，所以通稱為十一面觀音。在六觀音中，主要是阿修羅道眾生之依怙。

十一面觀音

十一面觀音菩薩的名號，是由其神咒而來。該神咒爲「十一面觀世音神咒」，爲十一億佛陀所說，威力甚大。

依據《十一面觀世音神咒經》中所說，其形像爲：

「身長一尺三寸，作十一頭，當前三面作菩薩面，左廂三面作瞋面，右廂三面似菩薩面，狗牙上出，後有一面作大笑面，頂上一面作佛面，面悉向前，後著光。其十一面各戴花冠，其花冠中各有阿彌陀佛。觀世音左手把澡瓶，瓶口出蓮花；展其右手以串瓔珞，施無畏手。」

根據各種經論所說，其十一面的配置有種種不同，並有二臂、四臂、八臂的差異。例如：

《十一面儀軌》中出現四臂說，其中右第一手是施無畏，第二手執念珠。左第一手執蓮花，第二手持軍持（即瓶）。

《攝無礙大悲心大陀羅尼經計一法中出無量義南方滿願補陀落海會五部諸尊等弘誓力方位及威儀形色執持三摩耶標幟曼荼羅儀軌》偈中所舉，同爲四臂像：「諸頭髮髻冠，冠中住佛身。正面淺黃色，救世哀愍相，左右青黑面，左三忿怒相，右三降魔相，當後殘笑相，頂上如來相。四臂兩足體，左定執蓮華，左理握鍕持；右慧施無畏，或結拳印契，右智持數珠。被鬘妙瓔珞，天衣及上裳，商佉妙色光，安住千葉蓮，跏趺右押左。」

在密教胎藏現圖曼荼羅中，此觀音位列蘇悉地院北端，具四臂，趺坐於蓮花上。本面兩側各有一面，其上有五面，更上有三面，合本面而成十一面。右第一手結施無畏印，第二手執念珠。左第一手持蓮花，第二手持軍持。其中蓮花表眾生本具的自性清淨心，軍持瓶是長養此蓮花的大悲甘露水，數珠代表精進義，對一切眾生施無畏故結施無畏印。

此外，也有以爲其寂靜之面是爲了成就純善者，忿怒之面是爲了成就純惡者，而笑怒之面則是爲了成就善惡交雜者。其四臂表內證四智：手持念珠表根本智、大圓鏡智，智斷煩惱，所以爲調伏義。施無畏乃身口意三業的化用，是成所作智，爲息災義。蓮花表觀音之體，是妙觀察智，花爲人所愛，所以爲敬愛義。澡瓶代表以甘露的智水潤澤一切眾生，是平等性智，爲增益之義。

⦿準提觀音

準提觀音（梵名Cundī），又作準提、准胝、准提菩薩、准提佛母、佛母準提、尊那（Sunda，輝麗之義）佛母、七俱胝佛母等。爲六觀音之一，以救度人間眾生爲主，在天台宗又被稱爲天人丈夫觀音。是以準提咒而普爲顯密佛教徒所共知的大菩薩。

準提菩薩的尊形，有二臂、四臂……至八十四臂等九種。不過，一般所供奉的圖像，大抵以十八臂三目者之像爲多。

在十八臂之中，各臂或結印，或持劍、持數珠、金剛杵等物。準提觀音之造像，常被誤認爲是千手千眼觀音，我們可以從以下的原則來分辯：千手觀音通常都是十一面或二十七面四十臂，而且各手所持的物品也與準提菩薩不同。

依據《七俱胝佛母所說准提陀羅尼經》記載，准提佛母身呈黃白色，結跏趺坐於蓮花上，身佩圓光，著輕縠衣，上下皆爲白色，有天衣、角絡、瓔珞、頭冠等莊嚴，十八臂皆著螺釧，面有三目。上二手作說法相，右第二手作施無畏，第

準提觀音

三手執劍，第四手持寶鬘，第五手掌上置俱緣果，第六手持鉞斧，第七手執鉢，第八手執金剛杵，第九手持念珠；左第二手執如意寶幢，第三持開敷紅蓮花，第四手軍持，第五手羂索，第六手持輪，第七手商佉，第八手賢瓶，第九手掌上置般若梵篋。

西藏所傳的準提觀音有四臂像，結跏趺坐於蓮花上，左右之第一手安於膝上持鉢，右第二手下垂作施無畏印，左第二手屈於胸前，執蓮花，花上安置一梵篋。

錫蘭所傳的準提觀音銅像爲四臂像，頂戴定印之化佛，左第一手安於臍前，第二手持寶珠；右第一手執獨鈷杵，第二手上舉，拇指與無名指相捻。乳部豐滿，表佛母之相。

⊙如意輪觀音

如意輪觀音（梵名 Cintāmaṇi-cakra），梵名音譯爲振多摩尼。意譯爲「所願寶珠輪」或「如意珠輪」，而自古以來多譯作「如意輪」、「如意輪王」。此菩薩可如意出生無數珍寶，安住「如意寶珠三昧」，常轉法輪，攝化有情，如願授與富貴、財產、智慧、勢力、威德等而得此名。全稱爲「如意輪觀世音菩薩」，又稱作「如意輪菩薩」、「如意輪王菩薩」。

如意輪觀音的形像有多種，計有二臂、四臂、六臂、八臂、十臂、十二臂等多種，較常見的是六臂像。

常見的六臂像，在《觀自在菩薩如意輪瑜伽》中記載：「六臂身金色，皆想於自身，頂髻寶莊嚴，冠坐自在王（彌陀），住於說法相。第一手思惟，愍念有情故。第二持（如）意寶，能滿一切願。第三持念珠，爲度傍生苦。左按光明山，成就無傾動。第二持蓮手，能淨諸非法。第三契輪手，能轉無上法。六臂廣博體，能遊於六道，以大悲方便，斷諸有情苦。」此外，也有作頭上戴寶冠，冠上安置化佛，左第一手開寶華，第二手金色盤，第三手開紅蓮；右第一手跋折羅（金剛杵），第二手降魔印，第三手向臍下，於南黃蓮上結跏趺坐，又頭上兩邊有天女呈散花之姿的造形。

另外，還有將此六臂與六觀音並配於六道的說法：右第一思惟手，配聖觀音，救濟地獄道受苦眾生；第二如意寶珠手、配千手觀音，救餓鬼道饑饉苦；第三念珠手，配馬頭觀音，度畜生道鞭撻苦。左第一光明山手，配十一面觀音，救阿修羅鬥爭苦；第二蓮華手，配準提觀音，教化人道；第三金剛手，配如意輪觀音，教化天道。

如意輪觀音

千手觀音

千手觀音（梵名 Avalokitesvara-sahasrabhuja-lo-cana），是指具有千手、千眼，而每一手掌上各有一眼的觀音菩薩、又稱作千手聖觀自在、千臂觀音、千手觀自在、千手千眼觀自在、千手千眼觀世音、千眼千臂觀世音，或稱千眼千首千足千舌千臂觀自在。

此尊是蓮華部（或稱觀音部，爲密教金剛界五部之一，或胎藏界三部之一）果德之尊，故稱蓮華王。蓮華部皆以大悲爲本誓，但以此尊爲蓮華王，故特以大悲金剛爲密號。位列於胎藏界曼荼羅虛空藏院內，表蓮華部之德。

在《千光眼觀自在菩薩秘密法經》中說：「大悲觀自在，具足百千手，其眼亦復然，作世間父母，能施眾生願。」這裏的「千」，是代表無量、圓滿之義。也就是「千手」象徵著此觀音大悲利他的方便，無量廣大，「千眼」象徵他應物化導時，觀察機根的智慧圓滿無礙。

千手觀音的形像，在各種經軌中所載並不相同：

據《千眼千臂觀世音菩薩陀羅尼神咒經》卷上、《千手千眼觀世音菩薩姥陀羅尼身經》所說，是身作檀金色，一面千臂。《千手千眼觀世音菩薩姥陀羅尼身經》中另說，千臂中十八臂的印相持物。

依《千光眼觀自在祕密法經》所說，身是黃金色，於紅蓮華上半跏趺坐，有十一面四十手。十一面中，當前三面作菩薩相，本面有三目，右邊三面作白牙向上相，左邊三面是忿怒相，當後一面為暴笑相，頂上一面作如來相。

依《世尊聖者千眼千首千足千舌千臂觀自在菩提薩埵怛嚩廣大圓滿無礙大悲心陀羅尼》所說，為千眼、千頭、千足、千舌、千臂之相。

在現圖胎藏界曼荼羅中此尊則有二十七面千臂，結跏趺坐於寶蓮華上。千手中，有四十手（或四十二手）各持器杖，或作印相，其餘各手不持器杖。

另於《諸說不同記》第六內則說：「通身黃色有七面，面各三目。山圖頂上有化佛，有千手掌各有一目，其四十二手執持種種器械。右青蓮次，兩手合掌，次二手定印，右一手鉢，次蒲桃，次梵篋，次三鈷、次寶印、次錫杖，次施願，

千手觀音

次數珠，次鈷瓶，次箭，山圖二箭，次五色雲，次劍，次白蓮，山圖含紅蓮，次髑髏，次鏡，次月，次鉤，次化佛。左手紅蓮，山圖白蓮，次經篋，次寶珠，次螺，次獨鈷杵，次鐸，次三鈷杵，次釧，次索，次澡瓶，次弓，次榜排，次鉞，次紫蓮，次楊柳，次白拂，次輪，次日，次宮殿，山圖手印，次矛小異也。座下有紅蓮青蓮華。」

有關千手觀音「千臂」的説法，依據《千光眼觀自在菩薩祕密法經》所述，「千手」表示四十手各濟度三界二十五種存有衆生（即一種存有衆生配上四十手、四十眼），合爲千手千眼。

依《大悲心陀羅尼經》所載，四十手所持之物或所作的印相爲：如意珠、羂索、寶鉢、寶劍、跋折羅、金剛杵、施無畏、日精摩尼、月精摩尼、寶弓、寶箭、楊枝、白拂、胡瓶、傍牌、斧鉞、玉環、白蓮華、青蓮華、寶鏡、紫蓮華、寶篋、五色雲、軍持、紅蓮華、寶戟、寶螺、髑髏杖、數珠、寶鐸、寶印、俱尸鐵鉤、錫杖、合掌、化佛、化宮殿、寶經、不退金輪、頂上化佛、蒲萄。

另外，有人將四十手加上甘露手，而成爲四十一手；或加上中央的入定印，而成爲四十二臂。

此外，在《千手千眼觀世音菩薩大悲心陀羅尼經》及《覺禪鈔》等經軌中，也繪列有這四十二手的印相、持物、作用及真言：

持物：如意寶珠

特德：富饒種種功德資具。

真言：唵引口縛日囉二合縛哆囉吽泮吒

持物：羂索

特德：爲種種不安求安隱者。

真言：唵引枳哩蘗攞謨捺攞二合吽泮吒

持物：寶鉢

特德：爲治療腹中諸病苦。

真言：唵引枳哩枳哩口縛日囉二合吽泮吒

持物：寶劍

特德：降伏一切魍魎鬼神。

真言：唵(引)帝勢帝惹覩尾儜覩提婆馱野吽泮吒

持物：跋折羅

特德：降伏一切天魔外道者。

真言：唵(引)儞陛儞陛儞跛野摩訶室哩曳薩口縛(二合)賀

持物：金剛杵

特德：摧伏一切怨敵。

真言：唵(引)口縛日囉(二合)祇儜鉢囉(二合)儞鉢多野薩口縛(二合)賀

持物：施無畏印

特德：消除一切時一切處怖畏不安。

真言：唵(引)嚩日囉(二合)曩野吽泮吒

持物：日精摩尼

特德：爲眼暗無光明者求光明。

真言：唵(引)度比迦野度比鉢囉(二合)嚩哩儜薩嚩(二合)賀

持物：月精摩尼

特德：爲患熱毒病求清涼。

真言：唵(引)蘇悉地揭哩(二合)薩嚩(二合)賀

持物：寶弓

特德：榮官益職求仕官。

真言：唵(引)阿左尾𠼝薩嚩(二合)賀

持物：寶箭

特德：為祈求諸善朋友早日相逢值遇。

真言：唵(引)迦摩攞薩嚩(二合)賀

持物：楊柳枝手

特德：為除去身上種種病難。

真言：唵(引)蘇悉地迦哩嚩哩哆喃哆目哆曳嚩日囉(二合)嚩日囉(二合)畔馱賀曩賀曩吽泮吒

持物：白拂

特德：除滅一切諸惡障難。

真言：唵(引)鉢娜弭儜婆誐嚩帝謨賀野惹誐謨賀儜薩嚩(二合)賀

持物：寶瓶

特德：爲一切眷屬善良和樂。

真言：唵(引)揭口隸(二合)摻滿焰薩口縛(二合)賀

持物：傍牌

特德：辟除一切虎狼諸惡獸。

真言：唵(引)藥葛釤曩那野戰捺羅(二合)達耨播哩野(二合)跛舍跛舍薩口縛(二合)賀

持物：鉞斧

特德：能於一切時一切處遠離官難。

真言：唵(引)味囉野味囉野薩口縛(二合)賀

持物：玉環

特德：求男女及諸僕使。

真言：唵引鉢娜鉿味囉野薩嚩二合賀

持物：白蓮花手

特德：爲求種種功德者。

真言：唵引嚩日囉二合味囉野薩嚩二合賀

持物：青蓮花

特德：求生十方淨土。

真言：唵引枳哩枳哩嚩日囉二合部囉畔馱吽泮吒

持物：寶鏡

特德：成就廣大智惠。

真言：唵引尾薩普囉那囉葛叉嚩日囉二合曼荼攞吽泮吒

持物：紫蓮花

特德：面見一切十方諸佛。

真言：唵引薩囉薩囉口縛日囉二合迦囉吽泮吒

持物：寶篋手

特德：祈求地中種種伏藏者。

真言：唵引口縛日囉二合播設迦哩揭曩鉿囉吽

持物：五色雲

特德：疾速成就佛道。

真言：唵引口縛日囉二合迦哩囉吒鉿吒

持物：軍持

特德：爲求生諸梵天上。

真言：唵引嚩日囉二合勢佉囉嚕吒犃吒

持物：紅蓮華

特德：求生諸天宮。

真言：唵引商揭𡃤二合薩嚩二合賀

持物：寶戟

特德：辟除他方逆賊怨敵者。

真言：唵引糝昧野袛儜賀哩吽泮吒

持物：寶螺

特德：呼召一切諸天善神。

真言：唵引商揭𡃤二合摩賀糝滿焰薩嚩二合賀

持物：髑髏寶杖

特德：能使令一切鬼神，使其不相違拒。

真言：唵引度曩嚩日囉二合郝

持物：數珠

特德：祈求十方諸佛速來授手。

真言：曩謨引囉怛曩二合怛囉二合夜野唵引阿那婆帝尼惹曳悉地悉
駄嘌鐕薩嚩二合賀

持物：寶鐸

特德：成就一切上妙梵音聲音。

真言：曩謨引鉢那[牜+合]播拏曳唵引阿密嘌擔儞陛室哩曳寶哩黜哩
儜薩嚩二合賀

持物：寶印

特德：成就口辯言辭巧妙。

真言：唵(引)嚩日囉(二合)儜擔惹曳薩嚩(二合)賀

持物：俱尸鐵鉤

特德：祈求善神龍王常來擁護。

真言：唵(引)阿啒嚕(二合)哆囉迦囉毗沙曳曩謨(引)薩嚩(二合)賀

持物：錫杖

特德：慈悲覆護一切眾生。

真言：唵(引)那嘌智那嘌智那嚩吒鉢底那嚩帝娜夜鉢儜吽泮吒賀

持物：合掌

特德：令一切鬼神、龍蛇、虎狼、師子、人及非人，常相恭敬愛念者。

真言：唵引尾薩囉尾薩囉吽泮吒

持物：化佛

特德：生生之處不離諸佛邊。

真言：唵引戰娜囉婆鉿吒哩迦哩娜祇哩娜祇哩柅吽泮吒

持物：化宮殿

特德：生生世世常在佛宮殿中，不處胎藏中受身。

真言：唵引微薩囉微薩囉吽泮吒

持物：寶經

特德：聰明多聞廣學不忘。

真言：唵引阿賀囉薩囉嚩尾儞野馱囉布儞帝薩嚩二合賀

持物：不退轉金輪

特德：從今身至佛身菩提心不退轉。

真言：唵(引)設那弭左薩嚩(二合)賀

持物：頂上化佛

特德：祈求十方諸佛速來摩頂授記。

真言：唵(引)嚩日哩(二合)尾嚩日藍(二合)藝薩嚩(二合)賀

持物：蒲桃

特德：祈求果蓏諸穀稼豐。

真言：唵(引)阿摩攞劍帝儞儜薩嚩(二合)賀

持物：甘露

特德：使一切飢渴有情及諸餓鬼得清涼。

真言：唵引素嚕素鉢羅二合素嚕鉢羅二合素嚕素嚕素嚕野薩嚩二合賀

此外，在《千手千眼觀世音菩薩姥陀羅尼身經》則說有十八臂，經中說：「面有三眼，臂有千手，於千手掌各有一眼，首戴寶冠，冠有化佛。其正大手有十八臂，先以二手當心合掌，一手把金剛杵，一手把二戟叉，一手把梵夾，一手把寶印，一手把錫杖，一手掌寶珠，一手把寶輪，一手把開敷蓮華，一手把羂索，一手把錫杖，一手把數珠，一手把澡罐，一手施出甘露，一手施出種種寶雨，施之無畏，又以二手當臍，右押左仰掌，其餘九百八十二手，皆於手中各執種種器杖等印，或單結手印。」

千手觀音的四十手隨順著眾生根機，相應於如來五部的五種法，能滿足一切願望，以千手千眼，無量持物，象徵觀音菩薩救度眾生的無盡方便。

觀音二十八部眾

觀音二十八部眾，是千手觀音在弘法上的二十八部眷屬，也是擁護觀音法門修持者的良善鬼神眾。

持誦千手觀音大悲咒的人，除了蒙受神咒的直接法益，及觀世音菩薩的護念之外，大梵天王還會派遣二十八部善神，各率五百眷屬及大力夜叉守護。

在《大悲心陀羅尼經》中說：「其人若在空山曠野獨宿孤眠，是諸善神，番代宿衛，辟除災障。若在深山，迷失道路，誦此咒故，善神龍王，化作善人，示其正道。若在山林曠野，乏少水火，龍王護故，化出水火。」

依據《千手陀羅尼經》所載，條例二十八部眾的尊名。並依日僧寬信所繪的尊像圖，參考《千手造次第法儀軌》所記載，其形相如下：

1. 密跡金剛力士烏芻君荼鴦俱尸：忿怒面，赤肉色，左手插腰，右手持三鈷杵，身著甲冑。

2.八部力士賞迦羅：面容極爲忿怒，身赤肉色，左手安於腰際，右手掌向外，腰著青衣。

3.摩醯那羅延：頭著金剛甲，左手當胸手掌向外，右手舒肘向前，取大刀刺地。

4.金剛陀羅迦毗羅：面及身色同前，左手安於腰際，右手向胸掣大刀，身著甲胄。

5.婆馺娑樓羅：面白黃色，忿怒形，頭著金甲，左手舉於胸前，掌向外，指端垂下，右手握大刀，著甲胄。

6.滿善車鉢真陀羅：面作微笑形，左手握拳安於腰際，右手當胸取蓮華，著青色袈裟。

7.薩遮摩摩和羅：面呈微笑並稍帶瞋怒，頭著天冠，微舉左臂，仰掌舒五指，右手當胸持斧鉞，莊嚴如天女。

8.鳩蘭單吒半祇羅：面帶微笑，青色，左手當胸，覆掌舒五指，右臂垂下持大刀，身著甲胄。

9.畢婆伽羅王：面現微笑又帶忿怒，白赤色，頭有金甲，左手握拳安於臍部，右手持三戟，著金冑。

10.應德毗多薩和羅：輕微忿怒面，頭有玉冠，左右手各持獨鈷杵。

11.梵摩三鉢羅：面如天女，頭戴天冠，左手安於臍邊，右手當胸持白拂，瓔珞莊嚴如天人。

12.炎摩羅：忿怒面，仰視上空，青綠色，左手當胸，右手舒臂覆掌，五指散開安於腰下。

13.釋王：左手握拳安於腰際，右手持獨鈷杵，著草鞋。

14.大辯功德娑怛那：如吉祥天女，左手舉臂，持赤蓮華，右手當胸，掌向外，捻大指、頭指。

15.提頭賴吒王：忿怒面，左手安於腰際，右臂上舉持三鈷杵，身著甲冑。

16.神母女等大力眾：仰左掌於胸前，右掌向外捻大指、頭指。

17.毗樓勒叉：左臂上舉持三叉戟，右手安於腰際持大刀，身著甲冑。

18.毗樓東博叉毗沙門：左手持塔，右手持三鈷戟。

19.金色孔雀王：雀頭人身，左右手各持孔雀足一隻以為杖。

20.二十八部大仙眾：仙人形，左臂上舉持經卷 右手當胸持杖。

21.摩尼跋陀羅：面如天人貌，赤髮，以花嚴飾，二手合掌。

22.散支大將弗羅婆：微笑忿怒面，白色，頭戴天冠，左手當胸，以大指捻頭中二指，右手持大刀。

23.難陀跋難陀：面極忿怒，青綠色，頭上有龍，左手上舉於胸前，掌心向外垂五指，右手安於腰際執三叉戟，身著甲冑。

24.娑伽羅龍伊鉢羅：忿怒面，青黑色，以二手持大刀刺地。

25.修羅乾闥婆：三面六臂，各面有三目，白色，左右第一手當胸合掌，左第二手持蓮華，右第二手持輪，第三手左右臂共舉持日輪。

26.迦樓緊那摩睺羅：面極忿怒，白赤色，頭上戴白馬頭，左手插腰，右手高舉於頭，橫持大刀，著甲冑。

27.水火雷電神：火雷電神，面極忿怒，赤黑色，左手覆掌於胸前，右手舒臂散五指，作壓地狀，立於黑浪中。水雷電神，面如惡鬼形，青色，二手胸前內縛，舒二中指，屈頭指相拄，立於波浪中。

28.鳩槃荼王毗舍闍：鳩槃荼王係黑色長鼻瞋怒形，左持戰具，右執索；毗舍闍係黑赤色、大目瞋怒形，左手持火玉。

【二十八部眾尊形一覽表】

部名	尊形	面相	手印及持物
1.密跡金剛力士	赤肉色、著甲冑	忿怒相	左手插腰，右手持三鈷杵。
2.八部力士	赤肉色、著青衣	忿怒相	左手置腰間，右手手掌向外。
3.摩醯那羅延	金剛甲		左手伸肘，右手執大刀刺地。
4.金毗陀羅迦毗羅	著甲冑		左手置腰間，右手掣大刀。
5.婆馺娑樓那	面白黃色、著金甲	忿怒相	左手置胸邊，右手於腰際握大刀。
6.滿善車鉢真陀羅	著青色袈裟	微笑	左手握拳置腰，右手持蓮華。
7.薩遮摩摩和羅	白微赤色，飾身戴冠	微笑小怒	左手舉臂伸五指，右手持斧柄。
8.鳩蘭單吒	青色，著金冑	微笑	左手胸邊伸五指，右手垂臂，執大刀。
9.畢婆伽羅王	白赤色，著金甲冑	微笑忿怒	左手拳置臍間，右手持三戟。
10.應德毗多薩和羅	頭戴玉冠	微忿怒	左右兩手合持獨鈷杵。
11.梵摩三鉢羅	身飾瓔珞，頭戴天冠	如天女	左手置臍邊，右手持白拂。
12.炎摩羅	綠青色	忿怒，仰視天	左手當胸，右手伸五指置腰下。

13.釋王	穿草鞋		左手握拳置腰，右手執獨鈷杵。
14.大辯功德天	如吉祥天女		左手持赤蓮華，右手當胸捻拇指、中指。
15.提頭賴吒王	著甲冑	忿怒相	左手置腰，右手持三鈷杵。
16.神母女等			左手胸前仰掌，右手掌向外，拇指、食指相捻。
17.毗樓勒叉	著甲冑		左手執三戟，右手持大刀。
18.毗沙門			左手持塔，右手持三鈷戟。
19.金色孔雀王	孔雀頭、人身		左右兩手以孔雀一足爲杖。
20.大仙眾	仙人形		左手舉臂，執經卷，右手持杖。
21.摩尼跋陀羅	赤髮結花爲頭飾	面如天人	兩手合掌。
22.散脂大將弗羅婆	白色，戴天冠	微笑忿怒	左手當胸，右手持大刀。
23.難陀跋難陀	青綠色，著甲冑，頭戴龍	忿怒相	左手胸前垂五指，右手持三戟。
24.娑伽羅龍伊鉢羅	青黑色	忿怒相	二手執大刀刺地。
25.修羅乾闥婆	白色，三面六臂，各面有三目		左右一手合掌。左二手持蓮華，右二手持輪。左右三手持日輪。
26.迦樓緊那摩睺羅	白赤色，著甲冑，頭上戴有白馬頭	忿怒相	左手置腰，右手持大刀。

27.火雷電神	身赤黑色，立黑波浪中	忿怒相	左手置胸前，右手壓地姿勢。
水雷電神	青色，由身注雨，立波浪中	如惡鬼神	兩手於胸前內縛。
28.鳩槃荼王	黑色長鼻	憤怒形	左手持戰具，右持索。
毘舍闍	黑赤色，大目	瞋怒形	左手持火玉。

註：大正藏圖像部此組圖缺密跡金剛力士、八部力士、鳩槃荼王、毗舍遮四尊圖像。

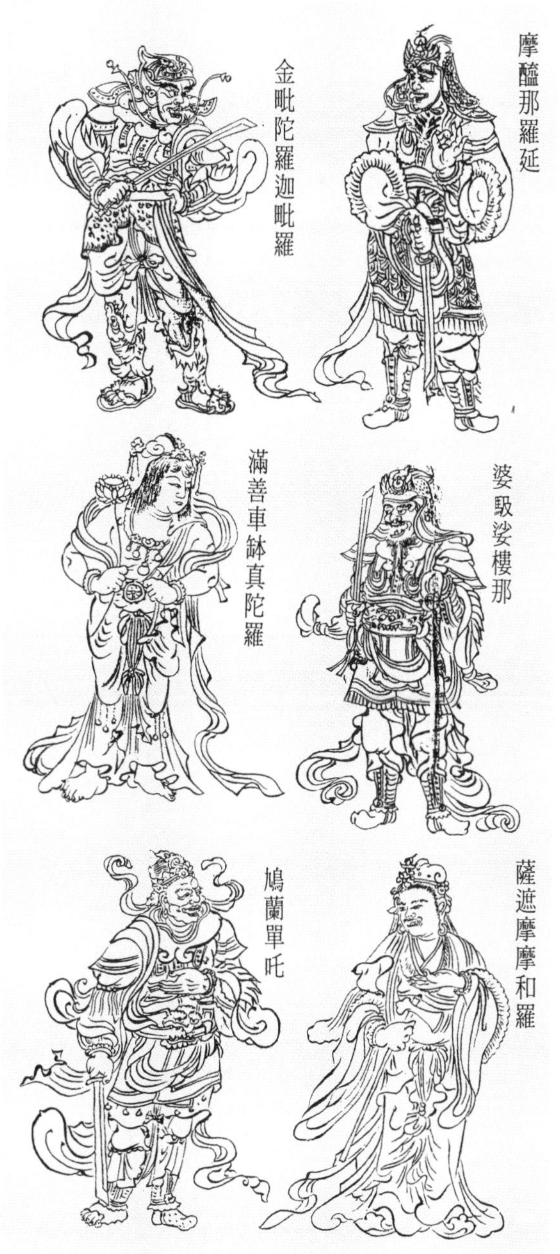

二十八部眾(一)

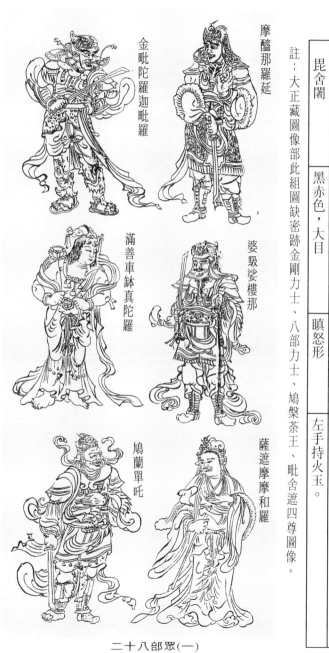

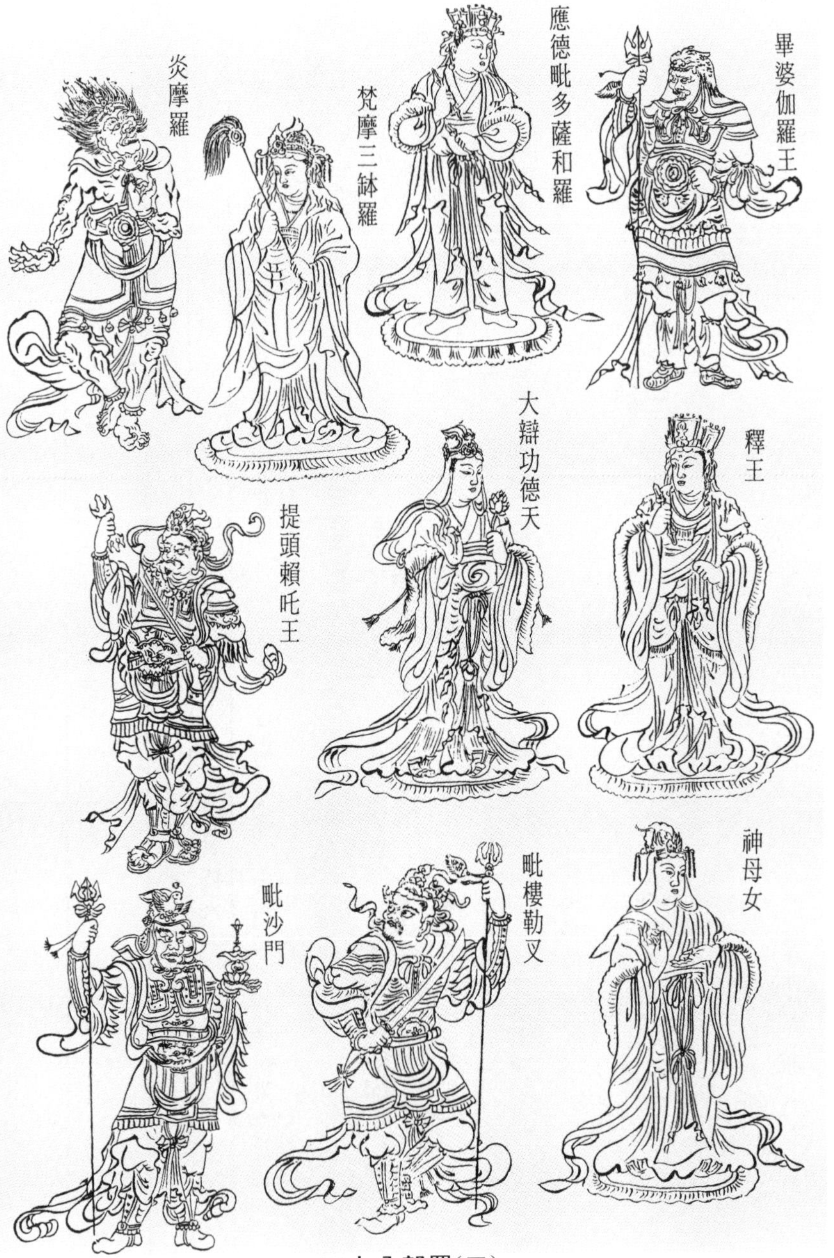
炎摩羅
梵摩三鉢羅
應德毗多薩和羅
畢婆伽羅王
提頭賴吒王
大辯功德天
釋王
毗沙門
毗樓勒叉
神母女

二十八部眾(二)

大仙眾
金色孔雀王
摩尼跋陀羅
散脂大將弗羅婆
難陀跋難陀
娑伽羅龍伊鉢羅
修羅乾闥婆
迦樓緊那摩睺羅
火雷電神
水雷電神

二十八部眾(三)

五大明王

五大明王又稱作五大尊或五忿怒。指現忿怒相的不動明王、降三世明王、軍荼利明王、大威德明王、金剛夜叉明王等五大明王。這五大明王乃是由九識所化現，是五方佛爲降伏內外魔障，所變現的教令輪身。即：

1.中央不動明王：爲大日如來的教令輪身，能降伏一切諸魔。

2.東方降三世明王：爲阿閦如來的教令輪身，能降伏大自在天。

3.南方軍荼利明王：爲寶生如來的教令輪生，能降伏五陰魔。

4.西方大威德明王：爲無量壽如來的教令輪身，能降伏人魔。

5.北方金剛夜叉明王：爲不空成就如來的教令輪身，能降伏地魔。

以下分別介紹五大明王：

1.不動明王

不動明王，通常被視爲是大日如來的應化身，受如來的教命，示現忿怒相，

軍荼利明王

降三世明王

不動明王

金剛夜叉明王

大威德明王

五大明王

常住火生三昧，焚燒內外障難及諸穢垢，摧滅一切魔軍冤敵。

在《勝軍不動軌》中記載，本尊的誓願爲「見我身者，得菩提心；聞我名者，斷惑修善；聞我說者，得大智慧；知我心者，即身成佛。」由此可見不動明王的廣大悲願一斑。

關於此尊的形像，依據不同的經典、傳承，有諸多不同的法相，隨緣示現。據《大日經》〈具緣品〉、《底哩三昧耶經》等所述，右手持劍（斷煩惱惡魔）、左手持索（示自在方便），頂有七髻，安坐在磐石上，爲最常見的身相。

其他如《不動使者法》中云：「當畫不動使者，身赤黃色，上衣斜帔青色，下裳赤色，左邊一髻黑雲色，童子相貌。右手執金剛杵，左手執羂索，口兩邊微出少牙，怒眼赤色，火焰中坐石山上。」

而一卷《底哩法》中則記載：畫不動尊，著赤土色衣，左垂辮髮，眼斜視，童子形。右手執金剛杵當心，左手執寶棒，眼微赤，坐蓮華上，瞋怒相，遍身火焰。

另外，不動明王也有多臂的法像，如《安鎮軌》中描述：「作四臂大嚴忿怒身，紺青色洪滿端嚴，目口皆張，利牙上出，右劍左索，其上二臂在口兩邊，作忿怒印，身處八輻金剛輪。」在世間的十二天中，則以此四臂的不動尊爲首領。

2.降三世明王

降三世明王，勝三世、聖三世、月魘尊、金剛摧破者，忿怒持明王尊等名。是密教五大明王之一，爲東方阿閦佛的教令輪身（忿怒身）。由於他能降伏眾生三世的貪瞋癡，所以名爲降三世。與勝三世明王是同體異名。而曼荼羅所繪二臂的勝三世是依《大日經》，八臂的降三世則爲依據其他經軌而來。二者的本誓並無不同。

此一明王的形像有三種，比較常見的是三面八臂。臉上有三目，身側有火炎，如同不動明王，也是現忿怒像。除了左右第一手結印當心外，其餘各手各執不同法器，右邊是三股鈴、箭與劍。左邊所持的是三股戟、弓與索。左足踏著大自在天，右足踩著烏摩妃。

與之同體的勝三世明王，其形像在《大日經》〈具緣品〉內說是青色身，頭髮如馬髻，有三隻眼睛，現忿怒形，雙牙向上突出，左手持三鈷杵，右手持二端有三鈷的戟，坐於磐石上，以迦樓羅炎圍繞四周。

3.軍荼利明王

軍荼利明王「軍荼利」，意譯爲瓶。在密教裏，瓶是甘露的象徵，所以又譯作甘露軍荼利。是密教五大明王之一，爲南方寶生佛的教令輪身（忿怒身）。

軍荼利明王是以慈悲方便，成證大威日輪以照耀修行者。並流注甘露水，以洗滌眾生的心地，因此又稱爲甘露軍荼利明王。

此外，因爲示現忿怒像，形貌又似夜叉身，所以也稱爲軍荼利夜叉明王。另外，也有「大笑明王」的異稱。

軍荼利明王的形像，通常作四面四臂，或一面八臂。依據《軍荼利儀軌》所記載，四面四臂像的臉部表情各有不同，正面慈悲、右面忿怒、左面大笑、後面微怒開口。全身青蓮華色，坐於磐石之上。這四面四臂象徵的是息災、降伏、敬愛、增益四種法。另外也有說是指第七識的我癡、我見、我慢、我愛的四種根本煩惱。

至於一面三目八臂形，是頭戴髑髏冠，眼張大，作大瞋目，並有二條赤蛇垂在胸前。八隻臂手，右最上手，拿著金剛杵，屈臂向上；下第二手，執持三叉雙頭長戟，屈臂向上；下第三臂，壓左第三臂，兩臂相交在胸前，兩手各作跋折羅印；下第四臂，仰垂向下，勿著右胯，伸五指，爲施無畏手。左上手中，把金輪形，屈臂向上；下第一手，中指以下三指各屈向掌，大指捻中指上節側，食指直豎，向上伸之，屈其臂肘，手臂向左；下第四手，橫覆左胯，指頭向右。

4. 大威德明王

大威德明王，音譯爲閻曼德迦，意爲摧殺閻魔者，故別號降閻摩尊；密號爲威德金剛。此外，又稱作大威德尊、大威德忿怒明王、六足尊。爲五大明王或八大明王之一。若擬配五佛，則爲無量壽佛的教令輪身，亦可視爲文殊菩薩的化現。在現圖曼荼羅中，此尊位於胎藏界持明院，般若菩薩的左側。

此尊的形像，有多種。依《大日經疏》卷六記載：降閻摩尊是文殊菩薩的眷屬，具有大威勢力，其身六面、六臂、六足，以水牛爲坐騎，面有三目，色如玄雲，作極忿怒之狀。另外，在《八字文殊軌》中，對此尊也有所描述，據述：閻曼德迦金剛，身青黑色，六頭、六臂、六足；其六臂各執器仗；左上手執戟，次下手執弓，次下手執索；右上手執劍，次下手執箭，次下手執棒。乘青水牛爲座。身材高大，且遍身火焰，展現出極忿怒形。

5. 金剛夜叉明王

金剛夜叉明王（梵名 Vajra-yakṣa），漢譯爲金剛夜叉、金剛藥叉、金剛噉食等名。又因其能噉食一切惡業眾生，所以也稱爲金剛焰口明王；而身呈黑色，所以也名爲大黑明王；又因其能吞盡一切惡性有情，故也名爲金剛盡明王。密號爲噉食金剛、調伏金剛或護法金剛。爲北方不空成就如來的教令輪身。此一明王誓願吞噉除盡一切惡行眾生，及三世一切惡穢觸及染欲心。

金剛夜叉明王的形像是：三面六臂、大威忿怒相，頭上有馬王之髻，正面有五目，左、右兩面各有三目，以七珍瓔珞莊嚴其身。身材高大無量，遍身燃燒火焰。六隻手臂所持的物品，第一手右持五股杵、左持金剛鈴；第二手左持弓、右持箭；第三手左手持輪、右手拿劍。右腳踏舒蓮華，左腳高舉而下有蓮華。

不動明王八大童子

依經軌記載，不動明王身邊最主要的有二童子、八童子。其中最廣爲人知的，是矜羯羅與制吒迦二位童子。這二位童子，有時也被認爲是不動明王的化身。「矜羯羅」意爲隨順與恭敬小心。而「制吒迦」則意爲難以共語的惡性者。這兩尊輔佐不動明王，來幫助一切眾生。

矜羯羅童子的像貌，宛如十五歲的童子。頭上戴著蓮華冠，而身色爲白肉色，二手合掌。他的二大指與頭指之間，橫插著一股杵，身穿著天衣袈裟及微妙的嚴飾。

而制吒迦童子的像貌亦如童子，身色如紅蓮，頭上結著五髻，一髻結在頂上的中間，一結額上，兩結在頭的左右，一結頂後，代表五方五智。左手持著縛日囉（金剛杵），右手執著金剛棒。因爲是瞋心惡性者，所以不著袈裟，並以天衣纏著頸肩。

除了前述二大童子，再加上其他六位童子，就是著名的八大童子，也稱爲八大金剛童子，這八大童子具有四智及四波羅蜜的德分，都是不動明王的眷屬，圍繞在不動明王四周，爲本尊的護衛。依〈聖無動尊一字出生八大童子秘要法品〉中所記載，不動尊的八大童子的身形如下：

(1)慧光童子：微怒、頭戴著天冠，身色爲白黃色。右手拿五智杵，左手的蓮華上，則安置著月輪，身上則以袈裟與瓔珞爲莊嚴。

(2)慧喜童子：形似慈悲之面，顯現微笑的相貌，身色如蓮華，左手持著摩尼寶珠，右手持著三股鉤。

(3)阿耨達菩薩童子：身形如梵天王，身色如真金，頂上戴著金翅鳥，左手蓮華，右手拿獨股杵 騎乘著龍王。

(4)指德菩薩童子：身形如夜叉，身色如虛空，有三個眼睛，身著甲冑，左手持輪，右手有三叉鉾。

(5)烏俱婆誐童子：頭戴五股之冠，現出暴惡之相，身如金色，右手拿著縛日囉（金剛杵），左手做拳印。

不動明王八大童子

(6)清淨比丘童子：剃除首髮，身著法袈裟，在左肩打結並使其垂下，左手拿著梵夾，右手當心持著五股杵，露出右肩，腰纏著赤裳。面貌不年輕也沒有老態，目如青蓮，嘴巴裏的上牙向下突出。

(7)矜羯羅童子如前所述。

(8)制吒迦童子如前所述。

法華經十羅剎女

十羅剎女，是指護持《法華經》的十位羅剎女。

依《法華經》卷七〈陀羅尼品〉中記載，在藥王菩薩、勇施菩薩、毗沙門天王、持國天王各自說陀羅尼神咒擁護受持《法華經》行者後，「爾時有羅剎女等，一名藍婆，二名毗藍婆，三名曲齒，四名華齒，五名黑齒，六名多髮，七名無厭足，八名持瓔珞，九名皐帝，十名奪一切眾生精氣。是十羅剎女，與鬼子母並其子及眷屬，俱詣佛所，同聲白佛言：『世尊！我等亦欲擁護讀誦受持法華經者，除其衰患，若有伺求法師短者，令不得便。』」

此十羅剎女經常隨侍於普賢菩薩身邊，爲普賢菩薩之眷屬。

另於《妙法華蓮三昧祕密三摩耶經》中，金剛薩埵問世尊十羅剎之本源，毗盧遮那佛答言，十羅剎女本緣覺，即等覺、妙覺、本覺。初四羅剎女（藍婆、毗藍婆、曲齒、華齒）及淨行等四大菩薩（上行、無邊行、淨行、安立行），第五羅剎女（黑齒）爲釋迦牟尼，以上配屬「妙覺」。中之四羅剎女（多髮、無厭足、持瓔珞、皐帝）爲八葉四大菩薩（普賢、文殊、觀音、彌勒），以上配屬「等覺」。第十羅剎（奪一切眾生精氣）爲多寶如來，配屬「本覺」。

依《法華十羅剎法》所記載，各羅剎女形像爲：

⑴藍婆（意爲結縛）：形如藥叉，衣色青，右手持獨股當右肩，左手持念珠，即立左膝當居彼上，面肉色。也有作右手按劍，左手持經卷。

⑵毗藍婆（離縛）：形如龍王，右手把風雲，左手把念珠，衣色碧綠，面如白，前立鏡臺。或有作雙手敲鈸。

⑶曲齒（或名施積）：形如天女仙，衣色青，面伏低，前捧香花長跪居，半跏坐。也有作手持花籠的立像。

⑷花齒（意爲施華）：形如尼女，衣色紫，右手把花，左手把花盤，面稍低。或有作右手下垂，左手持寶珠。

⑸黑齒（或名施黑）：形如神女，衣色都妙色，右手取叉，左手軍持，猶如守護之形，半跏坐。或有左手執寶幢，右手屈置胸前。

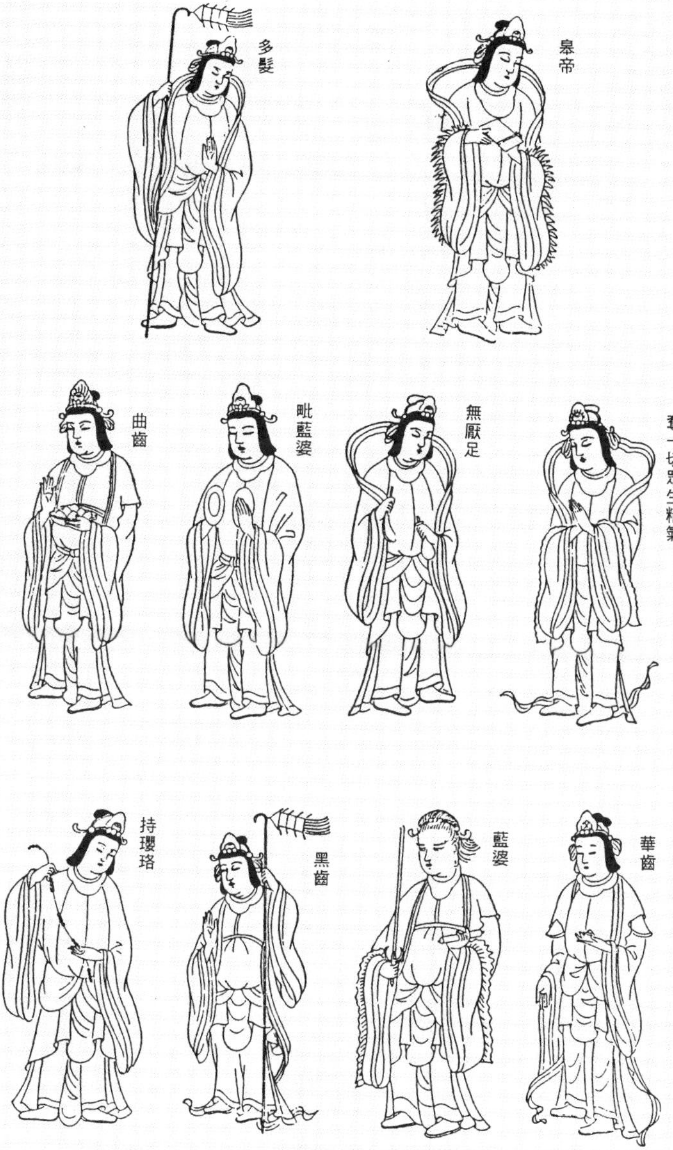

法華經十羅剎女

⑹多髮（或名披髮）：形如童子滿月，肉色乾達女，右手銅環取，左手如舞，長跪居。或於右手執寶幢，左手屈於胸前。

⑺無厭足（或名無著）：形如頂經之形，恆守護，衣色淺𠺕。或作左手執水瓶，右手持蓮瓣。

⑻持瓔珞（或名持華）：形如吉祥天女，左右手持瓔珞，衣色金，面肉色，結跏趺坐。或有作雙手持瓔珞的立像。

⑼皐帝（或名何所）：形如頂鳴女形，衣色紅青，右手把裳，左手持獨股，如打物形，立膝居。或有作雙手捧經篋。

⑽奪一切眾生精氣：形如梵王帝釋女，帶鎧伏甲，忿怒形，右手持杵，左手持三股，衣色㭒雜色，結跏趺坐。或有像作雙手合十而立。

四大天王

四大王天（梵名 catuasraḥ mahā-rājikāḥ），在佛法中佔有極重要的地位，他們誓願守護這個世界的眾生、安居樂業、財寶充盈、福德增長，入於正法。是在我們所居住的欲界之中，護持佛法的四位天王。

在佛法的世界觀中，生命存在可以粗分爲三種不同層次的世界，即欲界、色界及無色界等三界。欲界、色界及無色界共有二十八天，而四大天王所存在的四天王天，就是欲界初始的第一層天。

四大天王分別是指東方的持國天王、南方的增長天王、西方的廣目天王及北方的多聞（毗沙門）天王，四大天王又稱爲四天王、護世四天王及護世天等。

1. 東方持國天王：住賢上城，率領乾達婆、富單那二部鬼眾，守護東洲兼及餘洲。

2. 南方增長天王：住善見城，率領鳩槃荼、薜荔多二部鬼神，守護南洲兼及餘洲。

3.西方廣目天王：住周羅善見城，統率龍、毗舍闍二部鬼眾，守護西洲兼餘洲。

4.北方多聞天王：又作毗沙門天王，有可畏、天敬、眾歸三城，率領夜叉、羅剎二部鬼眾，守護北洲兼及餘洲。

依據《四天王經》記載，四天王都從屬於帝釋天王，每月的六齋日檢視人間的善惡行業，並勸勉眾生守戒行善，是正法的護持者。

四大天王是與人間關係極爲密切的佛教護法，他們用心的守護佛法及一切修行人，所以自古以來對四大天王的信仰極爲興盛。當我們進入寺院時，常會見到四大天王守護著寺院，可見其重要性。在任何修法、結界時，迎請四大天王是最根本的儀則。甚至可以說，有佛法的地區，都可以見到四大天王的守護。以下我們分別介紹四大天王。

西方廣目天王

東方持國天王

北方多聞天王

南方增長天王

四大天王

⊙毗沙門天王

毗沙門天（梵名 Vaiśravana，藏名 Rnam-thos-kyi-bu），四大天王或十二天之一。梵名意譯作多聞、遍聞，以多聞天之名最爲常見。

毗沙門天王是閻浮提北方的守護神，護持佛法守護世間。毗沙門天王的福德力名聞四方，所以名爲多聞天，被視爲財寶天王，在藏密中更被視爲財神本尊，能賜予無盡資財。在印度、西域、中國與日本等地，毗沙門天王都普遍受到供奉，爲著名的財神、福神。

毗沙門天王一般的造像都是神王形，通常都作披著甲冑戴冠相，右手持寶棒，左手仰擎寶塔，腳踏二鬼。毗沙門天王除了爲四大天王之一外，亦被單獨尊崇。又因爲能賜福德，所以在日本被尊爲七福神之一。

⊙持國天王

持國天（梵名 Dhṛta-rāṣṭra，藏名 Yul-ḥkhor-bsruṅ）音譯爲提頭賴吒、提

多羅吒、持梨哆阿羅哆、多囉吒。又稱爲治國天、安居天、順怨天。

由於此天王護持國土、保護安撫眾生，所以稱爲持國天，又稱爲東方天。爲四大天王之一，及十六善神之一。

東方持國天王能護持人民無諸病苦，無諸魔障，無諸煩惱，增長智慧，延年益壽，財寶豐盈，受用無盡，一切自在，所作成就。

關於持國天的形像，諸多說法不同，《陀羅尼集經》卷十一記載：提頭賴吒天王身長一肘，著種種天衣，嚴飾極令精妙，與其身材相稱，左手伸臂垂下握刀，右手屈臂，向前仰手，掌中拿著寶物放光。

《藥師琉璃光王七佛本願功德經念誦儀軌供養法》記載：東方持國大天王，其身白色，持琵琶，守護八佛的東方門。

⊙增長天王

增長天王（梵名 Virūḍhaka，藏名 Ḥphags-skyes-po），梵名漢譯爲毗樓勒迦天，又稱爲毗樓多天、毗樓勒叉天，意譯爲增長天，爲四大天王之一。十二天王之一，十六善神之一。

增長天王率領鳩槃荼、薜荔多等鬼神，守護於南方，能折伏邪惡，增長善根，在南方承擔護持正法的使命爲護法之善神，所以又稱爲南方天。由於他能令眾生善根增長，所以名叫增長天。又在東、西、南、北方中，南方象徵增益的特性，能增長萬寶，所以也稱爲增長天。

增長天王不但守護人民遠離災障、煩惱，更能護佑眾生財寶充盈，受用無盡，增長智慧、壽命。

關於增長天的形像，有種種不同的說法。有些書上所描述的是赤肉色忿怒形，甲冑上著天衣，右手握劍，左拳置胯上，交腳而坐。左方有鬼形使者，呈黑肉色，大忿怒形以二手擎劍跪在天王前側。有些書則說他左手握刀，右手持矟，此種形像，象徵的是折伏邪惡、增長善根的意思。

根據《陀羅尼集經》卷十一記：毗嚕陀迦身長一肘，著種種天衣，裝飾極精妙而與身相稱，左手伸臂垂下握刀，右手執矟，矟根著地。

而據《藥師琉璃光王七佛本願功德經念誦儀軌供養法》記載：其身青色，手執寶劍，守護八佛之南方門。

又在密教胎藏界曼荼羅中，此尊位於外金剛部院南門之東側。

四大天王的信仰，自古以來極爲盛行，在中國及日本均存有許多遺品，其形像亦各有不同。而各寺造像中，增長天王手中的持物亦有不同，如：

浙江省天台山萬年寺門中，天王手持琵琶。太白山天童寺天王殿的增長天像，手持劍；普陀山普濟寺天王殿之像，手持蛇；普陀山法雨寺天王殿之像，手持傘；湖南省武昌寶通寺天王殿之像，手持傘及塔；漢口歸元寺天王殿之，手持琵琶。

◉廣目天王

廣目天（梵名 Virūpakṣa，藏名 Mig-mi-bzan、Spyan-mi-bzan），廣目又名爲西方天，音譯毗留博叉、毗樓羅叉，意譯作廣目天、醜目、惡眼、雜語主、雜語、非好報。爲四大天王之一，十二天之一，十六善神之一，居處在須彌山的白銀埵，爲守護西方的護法善神。

廣目天王常以清淨天眼觀察護持閻浮提眾生，守護一切眾生遠離種種惡事，財寶充盈，壽命增長，一切自在，所作成就。此一天王率領無量天龍及富單那諸神等眷屬，守護佛法。此天王亦爲諸龍之王，據《佛母大孔雀明王經》卷上所說：「此西方有大天王，名日廣目，是大龍王，以無量百千諸龍而爲眷屬，求護西方。」

又，其所司之職在於對治惡人，令其受苦並生起求道之心。

相傳廣目天是大自在天的化身，由於前額有一目，因此稱爲廣目天。其形像通常作赤色忿怒形。甲冑上著天衣，右臂持三股戟，左拳置胯上，面向左方，交腳而坐。

全佛文化事業有限公司----出版目錄

產品目錄	定價	備註
<密乘心要>　$1600/套		
藏密基礎修法與正見--殊勝的成佛之道	$250	
大圓滿之門--秋吉林巴新嚴藏法	$350	
藏密仁波切訪問集--如是我聞	$320	
薩迦派上師略傳--佛所行處	$180	
噶舉派上師教言--大手印教言	$180	
民國密宗年鑑	$320	
<佛經修持法>		
佛經修持法（上冊）【修訂版】	$360	
佛經修持法（中冊）【修訂版】	$360	
佛經修持法（下冊）【修訂版】	$360	
<淨土修持法>		
淨土修持法1--蓮華藏淨土與極樂世界	$350	
淨土修持法2--諸佛的淨土	$390	
淨土修持法3--菩薩的淨土	$390	
<蓮花生大士全傳>　$1880/套		
第一部 蓮花王	$320	
第二部 師子吼聲	$320	
第三部 桑耶大師	$320	
第四部 廣大圓滿	$320	
第五部 無死虹身	$320	
蓮花生大士祈請文集	$280	
<談錫永作品>　$2360/套		
1.閒話密宗	$200	
2.西藏密宗占卜法(附占卜卡、骰子)	$450	
3.細說輪迴生死書(上)	$200	
4.細說輪迴生死書(下)	$200	
5.西藏密宗百問	$250	

6.觀世音與大悲咒	$220	
7.佛家名相	$220	
8.密宗名相	$220	
9.佛家宗派	$220	
10.佛家經論--見修法鬘	$180	
<佛家經論導讀叢書> $7680/套		
1.雜阿含經導讀	$450	
2.異部宗輪論導讀	$240	
3.大乘成業論導讀	$240	
4.解深密經導讀	$320	
5.阿彌陀經導讀	$320	
6.唯識三十頌導讀	$450	
7.唯識二十論導讀	$300	
8.小品般若經論對讀(上)	$400	
9.小品般若經論對讀(下)	$420	
10.金剛經導讀	$220	
11.心經導讀	$160	
12.中論導讀(上)	$420	
13.中論導讀(下)	$380	
14.楞伽經導讀	$400	
15.法華經導讀(上)	$220	
16.法華經導讀(下)	$240	
17.十地經導讀	$350	
18.大般涅槃經導讀(上)	$280	
19.大般涅槃經導讀(下)	$280	
20.維摩詰經導讀	$220	
21.菩提道次第略論導讀	$450	
22.密續部總建立廣釋導讀	$280	
23.四法寶鬘導讀	$200	
24.因明入正理論導讀(上)	$240	
25.因明入正理論導讀(下)	$200	
<白話小說> $2010/套		
1.阿彌陀佛大傳(上)--慈悲蓮華	$320	

2.阿彌陀佛大傳(中)--智慧寶海	$320	
3.阿彌陀佛大傳(下)--極樂世界	$320	
4.地藏菩薩大傳	$380	
5.大空顛狂--濟公禪師大傳(上)	$320	
6.大空顛狂--濟公禪師大傳(下)	$350	
<心靈活泉> $3545/套		
1.慈心觀	$200	
2.拙火瑜伽	$280	
3.不動明王	$280	
4.準提菩薩	$250	
5.孔雀明王	$260	
6.愛染明王	$260	
7.大白傘蓋佛母息災護佑行法	$295	
8.月輪觀	$240	
9.阿字觀	$240	
10.五輪塔觀	$300	
11.五相成身觀	$320	
12.四大天王	$280	
13.穢積金剛--焚盡煩惱障礙	$290	
<佛教小百科>		
1.佛菩薩的圖像解說(一)	$320	
2.佛菩薩的圖像解說(二)	$280	
3.密教曼荼羅圖典(一)---總論、別尊、西藏	$240	
4.密教曼荼羅圖典(二)----胎藏界(上)	$300	
5.密教曼荼羅圖典(二)----胎藏界(中)	$350	
6.密教曼荼羅圖典(二)----胎藏界(下)	$420	
7.密教曼荼羅圖典(三)----金剛界(上)	$260	
8.密教曼荼羅圖典(三)----金剛界(下)	$260	
9.佛教的真言咒語	$330	
10.天龍八部	$350	
11.觀音寶典	$320	
12.財寶本尊與財神	$350	
13.消災增福本尊	$320	

14.長壽延命本尊	$280	
15.智慧才辯本尊（附CD）	$290	
16.令具威德懷愛本尊	$280	
17.佛教的手印	$290	
18.密教的修法手印(上)	$350	
19.密教的修法手印(下)	$390	
20.簡易學梵字--基礎篇（附CD）	$250	
21.簡易學梵字--進階篇（附CD）	$300	
22.佛教的法器	$290	
23.佛教的持物	$330	
24.佛教的塔婆	$290	
25.中國的佛塔(上)--中國歷代佛塔	$240	
26.中國的佛塔(下)--中國著名佛塔	$240	
27.西藏著名的寺院與佛塔	$330	
28.佛教的動物(上)	$220	
29.佛教的動物(下)	$220	
30.佛教的植物(上)	$220	
31.佛教的植物(下)	$220	
32.佛教的蓮花	$260	
33.佛教的香與香器	$280	
34.佛教的神通	$290	
35.神通的原理與修持	$280	
36.神通感應錄	$250	
37.佛教的念珠	$220	
38.佛教的宗派	$295	
39.佛教的重要經典	$290	
40.佛教的重要名詞解說	$380	

全套購書85折　單冊購書9折（郵購請加掛號郵資60元）

全佛文化事業有限公司
Buddhall Cultural Enterprise Co.,LTD.
台北市松江路69巷10號5樓
TEL:(02)2508-1731　FAX:(02)2508-1733
郵政劃撥帳號:19203747　全佛文化事業有限公司

佛教小百科㉓

佛教的持物

主編／全佛編輯部
發行人／黃紫婕
執行編輯／蕭婉甄　劉婉玲　吳美蓮
出版者／全佛文化事業有限公司
台北市松江路69巷10號5F
永久信箱／台北郵政26-341號信箱
電話／(02) 25081731　傳真／(02) 25081733
郵政劃撥／19203747　全佛文化事業有限公司
E-mail／buddhall@ms7.hinet.net
http://www.buddhall.com

行銷代理／紅螞蟻圖書有限公司
地址／台北市內湖區舊宗路2段121巷28之32號4樓(富頂科技大樓)
電話／ (02) 27953656　**傳真**／ (02) 27954100

初版／2000 年 10 月
初版三刷／2010 年 10 月
定價／新台幣 330 元

國家圖書館出版品預行編目資料

佛教的持物 / 全佛編輯部主編 . --初版. –
臺北市：全佛文化，2000[民 89]
面 ； 公分. – (佛教小百科；23)

ISBN 978-957-8254-90-9(平裝)

1. 佛教 – 法器

224.7 89015213